Herderbücherei

Band 1307

Über das Buch

Die berühmte Autobiographie umfaßt ihr Leben bis 1565. Sie hatte sich aus Rechenschaftsberichten entwickelt, die Teresa für ihre Beichtväter schrieb. Sie setzte solche Berichte aber bis an ihr Lebensende fort, diese Notizen sind eine verinnerlichte Weiterführung der Autobiographie. Sie vermitteln Einblick in ihre mystische Erfahrung, in ihre Auseinandersetzung mit inneren und äußeren Hemmnissen auf dem geistlichen Weg. Ihre Strahlkraft entfalten diese „Cuentas de conciencia" allerdings erst, wenn man sie in Zusammenhang mit der Entwicklung und dem Leben der Gesamtpersönlichkeit bringt. Diesen Zusammenhang stellt Erika Lorenz im vorliegenden Taschenbuch her. Der Leser blickt in Abgründe mystischer Erleuchtung und Gottesnähe, er erkennt das Ringen einer faszinierenden Frau um geistliche Reifung und das Verständnis der Mitwelt. Ihr unermüdliches Wirken für die Reform des Ordens bezieht seine Kraft aus der Dynamik inneren Betens. Wo menschliche Möglichkeiten an eine Grenze stoßen, bahnt sich Teresa ihren Lebensweg. Sie eröffnet neue Perspektiven des Menschseins, aus denen wir Heutigen Mut und Hoffnung schöpfen können.

Über die Autorin

Erika Lorenz, Dr. phil., geboren 1923 in Hamburg. Studium der Romanistik, Germanistik, Literatur- und Musikwissenschaft an der Universität Hamburg, Promotion 1954, Habilitation in Romanischer Philologie 1960. Forschungsjahr in Paris, Gastprofessur in Kolumbien, Vortragsreisen durch Lateinamerika. Professorin an der Universität Hamburg, Hauptlehrgebiet Hispanistik, Forschungsgebiet bes. spanische Spiritualität des 16. Jahrhunderts und Lyrik. Wissenschaftliche Veröffentlichungen zur spanischen, hispanoamerikanischen und französischen Literatur vom Mittelalter bis zur Gegenwart.

Erika Lorenz

Ein Pfad im Wegelosen

Teresa von Avila – Erfahrungsberichte und innere Biographie

Herderbücherei

Originalausgabe
erstmals veröffentlicht als Herder-Taschenbuch
Spanische Texte in der Übersetzung von Erika Lorenz
Buchumschlaggraphik: Willy Kretzer

1. Auflage September 1986
2. Auflage Januar 1990

Herder Freiburg · Basel · Wien
Herstellung: Freiburger Graphische Betriebe 1990
ISBN 3-451-08307-8

ANTONIO MACHADO
(1875–1939)

Caminante, son tus huellas
el camino, y nada más;
caminante, no hay camino,
se hace camino al andar.

Wanderer, nur deine Spuren
sind der Weg, sonst nichts;
Wanderer im Wegelosen,
Schritte werden Weg.

INHALT

TERESAS BERICHTE INNERER ERFAHRUNG

Teresas „Cuentas de Conciencia“ sind Berichte, die sie etwa ab 1554 für ihre Seelenführer schreibt. Es geht dabei um die Auseinandersetzung mit mystischer Erfahrung, die zu diesem Zeitpunkt mit einer Fülle von Visionen, inneren Ansprachen und Offenbarungen über sie hereinbricht. Die Berichte sollen ein Urteil ermöglichen und dienen der eigenen Absicherung. Allerdings erscheinen sie bis 1560 nicht in den Cuentas de Conciencia, sondern in der Autobiographie.

Als Teresa 1560 ihre „Vida“ in erster, verlorengegangener Fassung schrieb, handelte es sich um nichts anderes als um die Aufzeichnung der „übernatürlichen“ Erfahrungen, wie die Heilige es nannte. Sie schrieb sie auf Wunsch mehrerer Beichtväter und Berater nieder. Einer von ihnen, Pater García de Toledo O. P., erkannte die ungewöhnliche Fähigkeit Teresas, mystische Erfahrung in Sprache umzusetzen. Anders ausgedrückt, er erkannte ihr Charisma als geistliche Psychologin und Schriftstellerin. Teresa selbst war diese Fähigkeit zunächst nicht bewußt gewesen. Als man sie 1554 bat, sich über ihre Erfahrungen zu äußern, brachte sie das bekannte Buch des Franziskaners Laredo, „Aufstieg zum Berge Sion“, herbei, in dem sie unterstrichen hatte, was ihrem eigenen Erleben entsprach. Erst langsam wagte sie sich an die Niederschrift, bis man ihr auftrug, wirklich eine Lebensgeschichte zu schreiben. Sie legte sie – ohne Kapiteleinteilung – im Juni 1562 vor, Teresa war 47.

Der Eindruck des Manuskripts auf ihre Beichtväter war so außerordentlich, daß man ihr nahelegte, das Buch, wie Teresa selbst in Cuenta 53 erzählt, fortzusetzen. So entsteht ein neues Manuskript, das uns bekannte, das 1565 abgeschlossen ist.

Die Autobiographie entstand also aus Berichten innerer Erfahrung. Aber von 1560 an – parallel zur Niederschrift dieses Lebensbuches – hält Teresa neue Berichte fest, zuerst auf losen Blättern, später, ab 1571, in einem Heftchen. Im Grunde handelt es sich um eine Fortsetzung der Autobiographie, nun aber ganz auf die Gegenwart und innere Entwicklung beschränkt.

1574 beginnt aufgrund von Anzeigen und wegen der ausführlichen Schilderung von Visionen, die durch sektierererische Tendenzen der Zeit verdächtig geworden waren, die Inquisition sich für die Autobiographie zu interessieren. Sie zieht das Manuskript und alle erreichbaren Abschriften ein, vernichtet es aber nicht. Zu Beginn des Jahres 1576 muß sich Teresa aus mehreren Gründen vor der Inquisition von Sevilla rechtfertigen. Die meisten Anklagen zerplatzen wie Seifenblasen bei einem Besuch der Inquisitoren im Kloster.

Was übrigbleibt, ist die sehr erhebliche Frage nach dem rechten Geist. Der heilige Ignatius, der seinen Orden gründete, als Teresa ins Kloster eintrat, hatte eine klare Methode zur Unterscheidung der Geister gegeben. So wurden Jesuiten beauftragt, Teresa zu prüfen, obwohl sonst die Inquisition Sache der in Volksmission geschulten Dominikaner war. Drei Patres in der Gesellschaft Jesu prüfen, „als handele es sich um eine große Gefahr“, wie Teresas Freund und Mitarbeiter Pater Jerónimo Gracián OCD erzählt, der es wissen mußte, denn um seinetwillen war die Mutter und Gründerin mit ihren nunmehr 60 Jahren nach Sevilla gekommen. Eine Stadt, die sie nicht liebte, wie überhaupt Andalusien ihrem kastilischen Herzen fremd blieb. Von den drei Patres stand einer ihr besonders skeptisch gegenüber, der für seine Strenge bekannte Pater Rodrigo Alvarez.

An ihn wendet sich Teresa in zwei schriftlichen Berichten, dem 53., in dem sie ihr Leben seit dem Klostereintritt überblickt, 40 Jahre – also eine Autobiographie in Miniatur. Der 54. Bericht schildert dann systematisch alle „übernatürlichen", so nannte es Teresa, Möglichkeiten zur Gebetserfahrung. Der 53. Bericht hat eine Sonderstellung unter den Cuentas de Conciencia. Während Teresa sonst spontan und locker das innerste Erleben darlegt, schlichter und unmittelbarer als in allen anderen Schriften, selbst die Briefe eingeschlossen, schreibt sie hier in kontrollierter Distanz. Handelt es sich doch um ein juristisches Dokument, um ein Gerichtsverfahren, dem die Rede in dritter Person entspricht. „Diese Nonne", hebt darum Teresa an und versetzt mit dem Beginn den Leser sogleich in die Atmosphäre ihres Klosterlebens, das man aufgrund von Verleumdungen zuallererst untersucht hatte. Diese Nonne steht für sich selbst, aber auch für die von ihr durchgeführte und vertretene Ordensreform. Eine Reform, in der sich Teresas Geist reflektiert.

Der verhaltene Stil des Berichtes gibt Gelegenheit, sehr Wesentliches ohne Selbstentblößung auszusagen. Teresa gibt hier in größter Dichte einen Überblick, der zugleich ihre innere Entwicklung, deren Motivation und Ziele umfaßt. Er ist sechs Jahre vor ihrem Tode geschrieben, zu einer Zeit, da ihr gottvertrauendes Gehen ins Unkennbare sich klare Bahnen geschaffen hat. „Ein scheinbar wegeloses Gehen“, schreibt Teresa hellsichtig schon im sechsten Bericht*.

Die zentrale Cuenta 53 wurde zur Achse des vorliegenden Buches. Jedem Kapitel ist ein Abschnitt vorangestellt. Die weiteren Berichte ergänzen das Bild, wo nötig, wird auch aus dem Gesamtwerk zitiert**. Eine neue Rolle spielt die Behandlung der Visionen und Ekstasen, deren Verständnis als bloßes Randphänomen die treibenden Kräfte der seelischen Entwicklung der Heiligen verkennen würde.

Ursprünglich sollte aus der Betrachtung der Cuentas de Conciencia nur ergänzendes Material zur inneren Biographie gewonnen werden. Im Umgang mit ihnen wurde jedoch die Herzmitte wie die Ganzheit dieses Lebens sichtbar. Edelsteine, die ihre Kostbarkeit im hellen Lichtstrahl der Betrachtung erweisen. Herzmitte und Ganzheit sind jedoch unauslotbar, entziehen sich wie Gott selbst dem forschenden Blick. Darum wird der Leser um Verständnis gebeten, daß in diesem Bändchen kein letztes Wort erstrebt wird. Andere mögen kommen und dem Leuchten weiter nachgehen, das aus den Berichten dieses Lebens die Blicke auf sich zieht.

Hamburg, den 28. März (Geburtstag der Teresa) 1986

---

* Pareciendo ir sin ningún camino.

** Die Numerierung der Cuentas wird angegeben, vgl. im Literaturnachweis Teresa de Jesús, Obras completas (ältere Editionen zählten anders).

DIESE NONNE

Diese Nonne, die vor vierzig Jahren ins Kloster ging, richtete vom ersten Jahre an ihre Gedanken auf die Geheimnisse der Passion des Herrn und auf ihre Sünden. Niemals aber dachte sie an etwas Übernatürliches, sondern im Gegenteil an die Vergänglichkeit, die sich in Dingen und Lebewesen zeigt. Solchen Betrachtungen widmete sie sich täglich, ohne daß es ihr in den Sinn kam, Größeres zu wollen. Denn nach ihrer Selbsteinschätzung verdiente sie es nicht einmal, an Gott zu denken. So verbrachte sie zweiundzwanzig Jahre in großer Trockenheit, las allerdings gute Bücher. Als etwa achtzehn Jahre vergangen waren, begann sie sich um die erste Klostergründung für Unbeschuhte Karmelitinnen in Avila zu bemühen. Drei Jahre zuvor meinte sie, innere Ansprachen, Visionen und Offenbarungen empfangen zu haben.

Beginn mit Hindernissen

Vor vierzig Jahren, also im Jahre 1536, erhält Teresa das Ordenskleid im karmelitischen Convento de Santa María de la Encarnación. Ein Jahr zuvor hatte sie an die Pforte dieses „Menschwerdungsklosters" in Avila gepocht, heimlich und gegen den Willen des Vaters. Doch vor vollendete Tatsachen gestellt, beruhigte sich dieser bald. Ja, er kam später sogar ins Kloster, um sich zusammen mit anderen Laien von seiner Tochter im Gebet unterweisen zu lassen. Er starb bald darauf als frommer Christ, wenn auch in seiner bürgerlichen Existenz ruiniert, denn er hatte hohe Schulden.

Der Vater war kein so guter Geschäftsmann, wie man es von einem Juden erwartet hätte, was wohl kaum an seiner schon in der Kindheit erfolgten Konversion zum Christentum liegen konnte. Und der Lebensstil, um den er sich bemühte, das Leben eines „Hidalgo“, eines adeligen Christen mit großer Familientradition, verschlang viel Geld. Sein Vater, Juan Sánchez, hatte einen Adelsbrief gekauft, in dem die christlich-heroischen Verdienste erfundener Vorfahren in phantasievollen Farben geschildert sind. Diese „Verdienste“ finden sich noch heute in bekannten Teresa-Biographien*.

Aber ohne Zweifel war ihr Großvater ein tüchtiger und tapferer Mann. Er entstammte einer „Conversos“-Familie aus Toledo. Conversos nannte man schlicht die jüdischen Konvertiten, und in dem Wort schwangen Verachtung, Verdächtigung und Neid: denn es waren oft Zwangskonvertiten, unzuverlässig im Glauben und erfolgreich im akademischen oder kaufmännischen Leben. Auch der Großvater war durch Tuch- und Seidenhandel ein reicher Kaufmann. Auf der Höhe seines Lebenserfolges scheute er sich nicht, seine Rückkehr zum alten jüdischen Glauben offen zu zeigen. Folglich klopfte die Inquisition an seine Tür, äußerst rege in Spaniens großer Stadt Toledo, die viele Moslems und Juden in ihren Mauern gesehen hatte und dabei so christlich geworden war, daß es hieß, man lebe hier eine ständige Semana Santa (die Karwoche mit ihren feierlichen Prozessionen).

---

* Die jüdische Herkunft wurde erst 1946 bewiesen. Vgl. N. A. Cortés.

Juan Sánchez mußte im berüchtigten gelben Büßergewand durch die Stadt ziehen und öffentlich Abbitte leisten, sodann den christlichen Glauben aufs neue beschwören; mit ihm schworen seine unmündigen Söhne, also auch Teresas Vater, Alonso Sánchez de Cepeda. Die Zeichen der Buße des Großvaters wurden in der Kathedrale mit seinem Namen aufgehängt, das geschah im Jahre 1485, sieben Jahre nach Einrichtung der spanischen Inquisition durch die katholischen Könige. Offenbar nahm Juan Sánchez seine Konversion ernst, denn er erzog seine Kinder nun wirklich und wirksam im christlichen Glauben. Aber Kinder und Kindeskinder gelten weiterhin als Conversos, sie sind gefährdet, und man will ihnen nicht das Privileg der alten Christen, die nach spanischen Begriffen lebensnotwendige Ehre, zugestehen. Um das Jahr 1500 nimmt man ihnen auch das Recht, von „Renten" zu leben, wie es im christlichen Adel üblich war, der vermietete und verpachtete, was immer sich eignete.

An diesem geminderten Recht von Menschen zweiter Klasse waren historische Umstände schuld, die tief in alten Zeiten wurzelten. Die Mauren hatten Spanien im Jahre 711 im Sturm genommen, Juden waren schon seit der Zerstörung Jerusalems in großen Einwanderungsströmen nach Spanien gekommen – die maurische Invasion erleichterte weiteren Nachschub. Das christliche Spanien stand fast 800 Jahre unter dem Zeichen der Reconquista, der Wiedereroberung, die dennoch im Mittelalter ein friedlich-tolerantes Zusammenleben nicht ausschloß. Die Mauren widmeten sich dem Gartenbau und Handwerk, ihre Bewässerungssysteme, Oliven- und Orangenhaine prägen ganze Landschaften. Die Juden widmeten sich, wie in aller Welt, dem Handel und den praktischen akademischen Berufen, wie Arzt und Rechtsanwalt. Den Christen galt es bald als unehrenhaft, mit Händen zu arbeiten oder durch Handel Geld zu verdienen. Oft herrschte Armut in den Adelshäusern, besonders zu Teresas Zeiten, da Spaniens Könige der Probleme nicht Herr wurden, die sich wirtschaftlich aus dem Anbruch einer neuen Zeit mit einem neuentdeckten Kontinent ergaben.

Teresas Großvater Juan Sánchez mochte nicht weiter in einer Stadt leben, in der sein Name angeprangert war. Sein Haus verkaufte er an Garcilaso de la Vega, den großen Dichter und das spätere künstlerische Vorbild eines Johannes vom Kreuz. Dann zog er um nach Avila, wo er Verwandte hatte, Tuchhändler wie er. Bald zeigte sich, daß er als Christ das Geschäft so nicht weiterführen konnte. Doch war er reich, er kaufte, lieh, verkaufte, verwandelte den Warenhandel in Geldaktionen, „Renten“. Er wurde Financier, begabt auch darin, lebte nach außen als christlicher „Hidalgo“, was nicht ohne Prozesse abging, die er jedoch gewann. Auch sein Sohn Alonso, Teresas Vater, mußte noch vier Jahre nach der Geburt der Heiligen – sie kam am 28. März 1515 zur Welt – um seinen „Adel“ prozessieren. Die Umgebung folgte, wie die Familie selbst, dem Kodex der Zeit: man sprach nicht davon. Zudem hatte es Alonso auch verstanden, sich zweimal mit Frauen aus christlichem Adel zu vermählen. Die erste starb bald; Teresas Mutter, aus Olmedo bei Valladolid, hieß Ahumada – Teresa nannte sich nur mit diesem Namen.

Die Mutter Beatriz flüchtete sich vor manchen Schwierigkeiten ihrer Ehe in die Lektüre von Ritterromanen: hochadelige, edel-sinnliche Krimis der Zeit. Tochter Teresa versuchte sich in jungen Jahren selbst erfinderisch in dieser Gattung – kaum zum Heil ihrer Seele, aber nützlich für ihren späteren, so lebendig-anschaulichen Stil. Teresa, die zwei Schwestern und neun Brüder hatte, lebte eine scheinbar sorglose Kindheit mit erfreulichen Bildungschancen durch die gute und christliche Bibliothek des Vaters. Schon daß sie lesen und schreiben konnte, war viel für eine Frau ihrer Zeit in Spanien. Nur drei Prozent der Frauen vermochten es, seit sich die Bildung von den Klöstern an die ihnen unzugänglichen Gymnasien und Universitäten der Renaissance verlagert hatte – Tummelplatz einer ihre Freiheit genießenden männlichen Jugend.

Teresas „sorglose" Kindheit ist aber überschattet vom Familienbewußtsein, das neuchristliche Stigma verbergen zu müssen. Geselliger Verkehr gleicht manches aus, doch als Teresa nach dem Tode der 1528 verstorbenen Mutter mit einem Vetter zu flirten beginnt, fürchtet der Vater um seine Ehre, die nach damaliger Auffassung schon durch bloßes Gerede zerbrach und mehr wert war als das Leben – ein großer Stoff für kritische Dramen eines Lope de Vega und Calderón de la Barca. Er fürchtet auch um seine Heiratspläne für die schöne und beliebte Tochter und steckt sie kurzerhand zu den Augustinerinnen ins Internat.

Teresa hat ihre eigene unkonventionelle Meinung, sie will aus Liebe heiraten oder gar nicht. Sie fürchtet die „Unterwerfung unter einen Mann", der ungeliebt „dem Leibe und der Seele schaden könnte". Sie macht im Internat eine Entdeckung: es gibt ein Beten, das mehr ist als frommes Hersagen von Texten, sie sieht es bei einer Nonne, María de Briceño, deren mystische Gebetserfahrung in Teresa verwandte Saiten zum Schwingen bringt. Der Eindruck ist stark und konfliktreich, Teresa wird krank, wie immer im Leben, wenn ihre Gottesbeziehung berührt ist. Sie verläßt bald aus

Gesundheitsgründen das Internat, aber der Entschluß reift: sie will ins Kloster.

Freilich nicht bei den Augustinerinnen. Sie hat eine Freundin bei den Karmelitinnen in Avilas Menschwerdungskloster, und es mag sie das ursprünglich kontemplative Wesen dieses Orderns, das kein Geheimnis war, angesprochen haben. Wenn sie auch noch keine „Fach"-Kenntnisse hatte auf dem schwer zugänglichen Gebiet des Betens, verfügte sie doch über eine ganz spontane Erfahrung und Neigung. Gern stellte sie sich Christus als gegenwärtig vor, am liebsten im Olivenhain von Getsemani, wo sie ihn allein antraf und liebevoll zu ihm reden konnte. Auch hatte dieses Gebet noch einen Vorteil: es gewährte Ablaß, und die junge Teresa, als Kind schon erschrocken über den Nachhall des Wortes „ewig", fürchtete ewige Höllenstrafen. Aus Furcht auch, sagt sie, ging sie in das Kloster, in dem schon ihre Freundin sie erwartete. Hinzu kam Einsamkeit. Die Mutter tot, Rodrigo, der Bruder und Gefährte ihrer Kindheit, soeben nach Amerika ausgewandert. Doch furchtfrei war auch dieser Eintritt nicht, denn in dem Orden wollte man keine „Conversos". Später wird in den Statuten des Karmelitenordens die schon lange praktizierte Weigerung dokumentiert (1566). Teresa mußte allen ihren Mut und Adel zusammennehmen und schweigen, wie sie auch in ihren Schriften über ihre Herkunft schweigt, ohne zu lügen. Sie hatte „tugendhafte und gottesfürchtige Eltern", schreibt sie in ihrer Autobiographie, während sie sonst, wenn sie Freunde vorstellt, nie vergißt, auf deren adelige Vorfahren hinzuweisen. Als später im Leben Jerónimo Gracián, der junge Freund und Mitarbeiter, sie nach ihrem Herkommen zu befragen wagt, hört er als Antwort, es müsse ihm genügen zu wissen, daß sie eine

Tochter der Kirche sei. Im übrigen bekümmere sie die geringste Versündigung an Gott sehr viel mehr, als es sie kümmern würde, wenn sie wüßte, daß sie von den niedrigsten und verachtetsten Tagelöhnern oder Juden abstamme – wohl eine deutliche Antwort.

Langes Schwanken

Das Menschwerdungskloster ist nicht das, was es sein sollte. 180–200 Nonnen leben zeitweise dort, die wirtschaftliche Not ist groß. Erst 1515, zur Zeit der Geburt Teresas, wurde das ehemalige Beaterium in ein Kloster der Karmelitinnen umgewandelt. Beatinnen waren fromme Frauen, die Gemeinschaft und intensives Gebetsleben jenseits der Klöster suchten, deren Bindungen sie nicht wollten oder deren geforderte Mitgift von ihnen nicht aufzubringen war. Der weibliche Zweig der ursprünglich eremitischen Karmeliten hatte sich erst spät entwickelt, war in Kastilien noch im Werden, während Andalusien schon mehrere gut funktionierende Karmelitinnenklöster besaß. Die Nonnen in Avila waren guten Willens, aber als man nicht mehr wußte, wie die Gemeinschaft ernähren, lag es nah, die neue Klausur wieder zu lockern und wie in alter Beatinnenzeit gern reiche Damen des Adels aufzunehmen, die sich einen Platz im Himmel sichern wollten, dazu aber auch Dienerschaft, sogar Sklaven brauchten und zahlreiche Verwandte hatten, mit denen geselliger Verkehr eine Selbstverständlichkeit war. Gern luden diese zum Essen ein.

So war dieses Kloster eine Art Damenstift, in dem ganz Avila aus- und einging. Teresa hatte eine schöne großzügige Wohnung, zwei Zimmer mit Küche, und sie empfing im vergitterten klösterlichen Sprechraum gern Besuch – oder auch ungern, wenn sie an ihr Gebetsleben dachte. Aber offenbar fühlte sie sich doch verpflichtet, gerade jene gesellschaftlichen Beziehungen zu pflegen, die ihr Conversa-Sein verbargen. Verwandtenbesuche dagegen, die das Gegenteil bewirken konnten, liebte sie gar nicht.

Halbheit in allem, im Leben, Beten, Denken, im Fürchten wie im Hoffen. Teresa, ihrem Naturell nach offen und klar, erträgt das schwer. Ihre Neigung zur Depression verstärkt sich, diese in der Autobiographie so klar zum Ausdruck kommende Grundhaltung des „Ich bin schlecht, die anderen sind gut*". Sie schreibt im dritten Bericht innerer Erfahrung: „Es scheint mir gewiß, daß es auf dieser Welt keine Schlechtere gibt als mich; die guten Eigenschaften der anderen scheinen mir viel verdienstvoller, während ich nichts anderes tue, als Gnaden zu empfangen. Was Gott mir hier gibt, muß den anderen haufenweise zukommen. Ich flehe ihn an, mich nicht schon hier auf Erden zu belohnen, und ich denke, er führt mich diesen Weg um meiner Schwäche und Schlechtigkeit willen." Und in der Autobiographie bittet sie Gott, doch seine Schätze nicht an sie zu verschwenden, denn: „Ich bin ein Weib und obendrein kein gutes, sondern ein schlechtes."

Der Zwiespalt war groß, Teresa berichtet: „Mein Leben war aller Vollkommenheit fern, weil ich nicht auf läßliche Sünden achtete. Und wenn ich die Todsünden auch fürchtete, doch nicht so, wie ich es hätte sollen, denn ich hielt mich Gefährdungen nicht fern. Ich kann wohl sagen, daß es das unerfreulichste Leben war, das man sich vorstellen kann. Denn weder Gott noch die

---

* Vgl. die Psychographie in „Cinco Ensayos".

Welt machten mich glücklich. Mitten im weltlichen Vergnügen fiel mir ein, was ich Gott schuldete, und betrübte mich; war ich innerlich bei Gott, so beunruhigten mich die weltlichen Neigungen. Ich weiß nicht, wie ich einen derart mühsamen Krieg länger als einen Monat, ja sogar viele Jahre aushalten konnte."

Dennoch besaß sie, wie sie es ausdrückt, die Kühnheit zum Gebet. Aber gerade damit hatte sie auch die größten Schwierigkeiten. Zum einen, weil es in diesem unruhigen Halbkloster wenig Zeit und Gelegenheit zur Sammlung gab, zum anderen, weil man eine Gebetsmethode pflegte, die Teresas Veranlagung nicht entsprach. Man hatte das an sich gute und nützliche „Exercitatorio" des Benediktiners vom Montserrat, García de Cisneros, die erste methodische Gebetsschule spanischer Sprache aus dem Jahre 1500, übersystematisiert. Der Anfänger wurde in ein trübsinniges Schema gepreßt, das für jeden Tag sein Denken und Fühlen bestimmte:

„Montags Sünde, dienstags Tod, mittwochs Hölle, donnerstags Gericht, freitags Passion Christi, samstags Unsere Liebe Frau, sonntags die Herrlichkeit des ewigen Lebens." Nach dem kurzen Aufatmen am Wochenende begann es wieder: montags Sünde, dienstags Tod ... Teresa konnte innerlich nicht mehr atmen; hinzu kam ihre erste Vision, „mit den Augen der Seele" wahrgenommen, deren Eindruck bedrückend war, da Christus ihr „in großer Strenge" zu verstehen gab, wie sehr ihm ihr halbherzig zerstreuter Lebensstil im Menschwerdungskloster mißfiel. Ein Korrektiv aus dem Unbewußten.

Die beengende Gebetsmethode und das innere Hin- und Hergerissensein zwischen weltlichem und geistlichem Leben setzen Teresa so zu, daß sie schwer erkrankt und der Vater sie zu einer berühmten „Heilerin" bringt. Die Reise beansprucht den ganzen Winter des Jahres

1538/39, bringt aber leider nicht den gewünschten Erfolg. Im Gegenteil, die Purgierungs- und Entwässerungskuren der Quacksalberin hinterließen bleibende Schäden in der zarten Konstitution der Heiligen, wie später gute Ärzte feststellten. Teresa schreibt ihre Erkrankung eben dieser Konstitution zu, dem plötzlichen Wechsel der Ernährung und des Lebensstils. Lebenslänglich äußerte sich ihre außerordentliche Sensibilität auch körperlich und wirkte ihr eiserner Wille dem entgegen. So war sie, wir ihr Herausgeber Pater Efrén de la Madre de Dios sagt, „fast immer krank, aber keine Kranke". Die Reise zur Quacksalberin im kastilischen Becedas brachte aber auch etwas Gutes mit sich. Als wegen des harten Winters Station bei einem Onkel gemacht wurde, gab dieser Teresa ein Buch, das ihr Leben ändern sollte: das berühmte „Dritte geistliche Abecedarium" des Franziskaners Osuna. 1527 erschienen, war es *das* Kontemplationsbuch des Jahrhunderts. Teresa berichtet: „Ich hatte zwar in meinem ersten Klosterjahr viele gute Bücher gelesen, wußte aber immer noch nicht, wie ich zum inneren Gebet, zur Kontemplation kommen sollte, und so war ich über dieses Buch sehr froh." Sie war so froh, daß sie es „zu ihrem Meister machte".

Bisher nur mit dem mündlichen Gebet und nachdenkender Meditation vertraut, gelangt Teresa unter der Anleitung dieses Meisters zu einer völlig neuen Erfahrung. Sie lernt die Gedanken so zu beruhigen, daß sich eine innere Stille einstellt, in der die Gegenwart des Herrn sehr deutlich spürbar werden kann. Man nannte das damals die Methode des „Nichtdenkens", wobei aber Osuna selbst Mißverständnissen vorbeugt, indem er erklärt, daß das Nichts-Denken ein Alles-Denken sei, denn anders wären ja „die Schlafenden und die Ohnmächtigen vollkommen". Das Alles-Denken aber ist nach Osuna ein „ebenso einfaches wie feines Aufmerken auf Gott allein, eine schweigende Anbetung, in der wir ganz von Gott abhängen, wobei fast jede Tätigkeit der Seelenkräfte aufhört“, so daß die Seele still und demütig wird.

Für Teresa ist das neue Beten ein atemberaubendes Abenteuer des Geistes. Sie beschreibt es in ihrem ersten Erfahrungsbericht: „Mit dem Gebet ergeht es mir jetzt so: nur selten kann ich dabei noch schlußfolgernd denken, denn die Seele konzentriert sich ganz nach innen und bleibt in solcher Ruhe und Versenkung, daß sie keinen Gebrauch mehr von ihren Sinnen und Fähigkeiten machen kann; einzig das Hören ist ihr noch möglich, aber auch dabei versteht sie nichts.“ Dennoch nimmt ihre Krankheit zu, so sehr, daß der Vater sie wieder zurück in sein Haus nach Avila bringt, sie guten Ärzten übergibt, die die Diagnose „Tuberkulose“ stellen und nicht verhindern können, daß Teresa für drei Tage in ein so tiefes Koma fällt, daß alle meinen, sie sei tot. Als sie die Augen wieder aufschlagen will, hat man ihr die Lider nach Sitte der Zeit mit Wachs bedeckt. Im Kloster ist ihr Grab schon ausgehoben.

Auch nach einer gewissen Genesung und wieder ins Kloster zurückgekehrt, bleibt sie für lange Zeit seltsam benommen – ein Zustand, der ihr selbst ein Rätsel ist. Es ist, als sei ihr der Zugang zum innersten Lebensquell verschüttet.

Die Ursache läßt sich nur vermuten, Teresa selbst gibt die Hinweise. Sie erzählt, daß sie schon vor ihrem Klostereintritt im Gebet einen ganz lebendigen, unmittelbaren Zugang zu Jesus Christus hatte, zu seiner Menschheit, wie sie sagt, den sie als den Freund erfuhr, mit dem man über alles sprechen kann. Dieses Sprechen aber wurde behindert durch die rigorose Meditationsmethode, die die Gedanken um Tod, Sünde und Hölle kreisen ließ. Diese Schwierigkeit hat eine unerwartete Verstärkung von der entgegengesetzten Seite erfahren. Die beglückende Erfahrung des inneren Gebets, des Gebets der Ruhe, wie es Teresa von Osuna erlernte, hebt im Stillstand der Gedanken auch die freundschaftliche Verbindung zur Menschheit Christi auf. Es gehört zu dieser Gebetslehre, daß die Menschheit Christi – zumindest für einige Zeit – vergessen werden muß, weil anders Imagination und Gedanken nicht zur Ruhe kommen. Teresa aber macht die Erfahrung, daß in dieser Trennung von Jesus Christus sich keine wahre Ruhe mehr einstellen kann, und sie fühlt sich verloren im Leeren. Sie schreibt in ihrer Autobiographie: „Wenn der Wille nicht weiß, worauf er sich richten soll, und die Liebe keinen Gegenstand hat, bleibt die Seele ohne Stütze und Betätigung. Dadurch gerät sie in leidvolle Trockenheit, während die Gedanken ihr wahre Schlachten liefern." Und sie erkennt: „Wenn Gott alle Seelenkräfte aufheben will, so kann er uns natürlich auch die leibhaftige Vergegenwärtigung Christi nehmen, so weit ist das in Ordnung. Aber daß wir selbst absichtlich und methodisch nicht immer – wolle doch Gott, daß immer – die heiligste Menschheit Christi vor Augen haben wollen, das scheint mir gar nicht gut. Es ist für die Seele, wie man so sagt, ein Schlag ins Wasser, denn es fehlt ihr die Basis, so gotterfüllt sie auch scheinen mag."

Das, was Teresa die größte Stütze im Klosterleben sein sollte, das Gebet, wird ihr zum größten Hindernis. So sehr, daß sie das innere Beten schließlich aufgibt. „Aus Demut", meint sie damals, weil sie einen inneren Vorwand braucht. Wie tief muß dieser innere Konflikt gewesen sein!

Sie schien nun für das geistliche Leben verloren, es sei denn, es geschah etwas. Und es geschah wirklich: zuerst der Tod des Vaters, der am 2. Weihnachtstag 1543 starb, in seinen letzten Tagen von der Tochter umsorgt. Der Tod traf sie sehr und führte sie mit dem Beichtvater des Verstorbenen zusammen, dem großen dominikanischen Theologen Vicente Barrón. Dieser erkennt schnell die tiefe seelische Krise der jungen Karmelitin, den guten Willen und die Verzweiflung. Behutsam, doch mit fester Hand, führt er sie zurück auf den Weg des inneren Gebets, das sie nun ein gutes Jahr schon nicht mehr gewagt hatte. Damit beginnt eine innere Umkehr, Teresa ist jetzt 29 Jahre alt.

Langsam bekommt sie sich wieder in den Griff. Pater Vicente Barrón läßt sie regelmäßig zu Beichtgesprächen kommen, und er verordnet ihr, alle zwei Wochen, das war nach damaligem Verständnis häufig, zur heiligen Kommunion zu gehen. Der gute Rhythmus strukturiert nicht nur das äußere Leben neu, das häufige Kommunizieren überbrückt auch die gestörte Christus-Beziehung. Langsam und unbewußt vollzieht sich Wesentliches. Es braucht Jahre, bis es zum Durchbruch kommt, Jahre, in denen Teresa sich immer drängender die Sinnfrage stellt.

Es war in der Karwoche 1554, man hatte ihr eine Christus-Büste ins Oratorium gebracht, einen erschütternd zugerichteten Ecce homo. Als Teresa ihn erblickt, kommt es zu einer tiefen, verwandelnden Bewegung, die sich in fast visionärer Weise Bahn bricht. Teresa erlebt ihr „Damaskus“: „Ich empfand den Schmerz seiner Wunden derart, daß es mir fast das Herz brach. Da warf ich mich tränenüberströmt vor ihm nieder und flehte ihn an, daß er mir Kraft gäbe, ihn nie mehr zu verletzen." Und sie zieht den Schluß: „Ich setzte mein Vertrauen nun nicht mehr in mich, sondern in Gott. Ich glaube allerdings, ich sagte ihm, ich würde mich nicht wieder erheben, wenn er mein Flehen nicht erhöre. Und ich bin sicher, daß er mir half, denn von diesem Augenblick an ging es rasch aufwärts mit mir."

Mit einem Schlage ist Teresa herausgekommen aus ihrer jahrelangen inneren Verfassung der Halbheit und des Schwankens. Die Blickrichtung hat sich geändert, fort von sich selbst, hin zu Gott. Teresas Inneres ist wie ein umgepflügter Ackerboden. Hier kann gesät werden und wachsen, was sie später ihr großes Ich nennt, das als paulinischer „Christus in mir" das kleine Ich ablöst. Die Erfahrung der Umkehr, die schon von Pater Barrón vorbereitet war, setzt sich in weiteren inneren Erlebnissen fort. In den gelockerten Boden fällt auch als Same der Eindruck, den ihr die Lektüre der Bekenntnisse des Augustinus macht: „Als ich an die Schilderung seiner Bekehrung gelangte und las, wie er im Garten jene Stimme vernahm, da meinte ich, diese Stimme des Herrn erklinge auch mir in meinem Herzen. Ich war lange Zeit ganz in Tränen aufgelöst und außer mir vor Schmerz über mich selbst. Gepriesen sei Gott, der mich lebendig Tote ins wirkliche Leben rief."

Die Christus-Verbindung, Christus-Freundschaft ist wiederhergestellt. Der Garten des Augustinus erinnert an die einstige Erfahrung im Garten von Getsemani. Teresas wirkliches Leben hat begonnen. Die Stimme des Herrn erklingt von nun an oft in ihrem Herzen, von innen kommen Steuerungen, die ihr helfen, den Auftrag zu erfüllen. Visionen stellen sich ein, innere Ansprachen, die Teresa bald mit einem höchst konstruktiven Gedanken in Verbindung bringt.

Denn als sie sich fragte, was ihre Liebe nun für diesen neu gewonnenen Herrn tun könne, kam ihr der Gedanke einer Ordensreform, die ihren Karmelitinnenorden auf seine kontemplativ-eremitischen Ursprünge zurückführt. Nicht um des Ordens willen, sondern für die Menschen, die ein wirksames und stellvertretendes Leben und Beten brauchen: die Millionen von Indios in Amerika, deren Schicksal Teresa tief bewegt, zumal auch die geliebten Brüder dorthin auswanderten; die Sekten im eigenen Lande, die auseinanderbrechende Kirche, die sie mit tiefer Sorge erfüllt. Zudem kann Teresa so in einer eher frauenfeindlichen Zeit aus der Not eine Tugend machen. Sie sagt: „Doch als Weib, und kein gutes, und obendrein auf der ganzen Linie behindert, beschloß ich, das wenige zu tun, das mir möglich war, nämlich den evangelischen Räten nach bestem Vermögen zu folgen und die paar Nonnen hier zu gleichem zu bewegen. Ich vertraute der Güte Gottes, der immer dem helfen wird, der bereit ist, für ihn alles zu verlassen." Und während sie sich mit diesem Gedanken noch zögernd trug, „geschah es eines Tages, daß seine Majestät (Gott) mir befahl, diesen Plan mit allen Kräften voranzutreiben. Die Vision war so beeindruckend, daß ich keiner Täuschung erliegen konnte." Alle Selbstzweifel werden durch immer neue flutartig hereinbrechende Gottesbegegnungen fortgeschwemmt. Teresa erfährt „den inneren Meister", sie erzählt im dritten Erfahrungsbericht: „Es gibt Tage, da ich nichts anderes mehr denken kann als an das Wort des Apostels Paulus, weil, wenn ich mich mit ihm auch nicht vergleichen kann, es ist, als ob nicht ich lebte, spräche, strebte, sondern jemand, der mich von innen her lenkt und mir Kraft gibt."

Teresas Ideal ist hoch gesteckt, aber ihr praktischer

Sinn richtet sich auf das Mögliche. Sie plant die Gründung eines kleinen Klosters in Avila und findet Hilfe bei „den Ihren“, beim Bruder, beim Schwager, bei weiteren Conversos, denn zunächst geht es um Geld und Haus. Und wenn alles zu stocken scheint, spricht Teresa: „Herr, dieses Haus gehört nicht mir, für dich wurde es errichtet. Wenn nun niemand mehr etwas dafür tun will, möge sich doch deine Majestät seiner annehmen.“ Und Gott nimmt sich des Hauses an, am 24. August 1562 wird das kleine Kloster San José mit einer Eucharistiefeier eingeweiht. Zunächst beherbergt es vier Nonnen, bald werden es mehr. Teresa versteht es als „Gegenkloster“ zum Convento de la Encarnación, denn sie begrenzt die Zahl der Nonnen zunächst auf 13, dann auf 21, verlangt strenge Klausur, schränkt die Besuchsmöglichkeiten rigoros ein und gestaltet den Lebensstil so asketisch, wie es ihr dem eremitischen Ideal der Ordensursprünge auf dem Berge Karmel zu entsprechen scheint. Zum Zeichen der Strenge geht man mit bloßen Füßen in den Hanfsandalen der Armen, man nennt das „unbeschuht“. Aber auch etwas Neues, ganz Unerhörtes setzt Teresa durch. Im neuen Kloster trägt man keine Titel und fragt nicht nach den Ahnen. Die Namen zeigen es, viele Neuchristinnen finden hier ihren Platz, um dem Herrn im Glauben und Gebet zu dienen. Allerdings vergehen noch Monate des Streits mit Obrigkeiten, ehe Teresa selbst hier einziehen kann. Im Dezember 1562 vollzieht sie den Wechsel und bringt noch vier Nonnen aus dem Menschwerdungskloster mit. Von nun an nennt sich Doña Teresa de Ahumada „Teresa de Jesús“.

Sie wurde von großer Furcht ergriffen, so sehr, daß sie manchmal bei hellichtem Tage nicht allein zu sein wagte. Aber das bewahrte sie doch nicht vor diesen Erfahrungen, so daß sie von großer Sorge erfüllt war, es könne sich um Irreführungen des Teufels handeln. Darum wandte sie sich an Geistliche der Gesellschaft Jesu, die sich in spirituellen Dingen auskannten.

Teufelstrug?

Teresa hatte „ein starkes, ein mutiges Herz" (3). Aber ihr Mut war nicht der unechte der Phantasielosen und Selbstgerechten. Pater Gracián, ihr späterer Beichtvater, sagt von ihr: „Sie war auch ängstlich, besaß so wenig Selbstvertrauen und Glauben an ihre große Begabung, wie ich es sonst bei keinem meiner weiblichen Beichtkinder gefunden habe."

Teresas Mut war überwundene Angst, war Gottvertrauen und Einsatz der Liebe. Sie braucht ihn, als sich die ersten großen Visionen einstellen. Die Erfahrungen kommen plötzlich, überfallen sie „bei hellichtem Tage", lassen sie zunächst verwirrt und ratlos zurück.

Gehört hat sie schon von solchen Dingen – meist in negativer Form, denn in ihrer Zeit gibt es viel absonderliche Frömmigkeit, da man das Übernatürliche mit dem Religiösen verwechselt. Der Teufel mit seinem Blendwerk spielt dabei eine große Rolle, und er hat seine besondere Freude daran, Frauen aufs Glatteis zu führen. Solche Dinge „sind immer zu fürchten, besonders bei Frauen“, schreibt der große Theologe Domingo Báñez OP. Mit Recht bangt Teresa, man könne „alle diese Erscheinungen als weibliche Hirngespinste“ abtun (53).

Für Teresa war der Teufel eine sehr ernst zu nehmende Realität, hatte sie doch ein Jahr lang das Beten aufgegeben, wobei sie sich einredete, es sei ein Gebot der Demut. Später sagte sie ganz klar: „Das war eine falsche Demut, die der Teufel erfand, um mich zu beunruhigen und um zu sehen, ob er meine Seele nicht in Verzweiflung stürzen könne.“ Aber sie hat aus dieser Begegnung gelernt, hat, so sagt sie in ihrer Autobiographie, schon große Erfahrung betreffs der Teufelsdinge, darum kann sie hilfreiche Hinweise geben. Sie erkennt ihn an der Unruhe, der Ruhelosigkeit, mit der alles beginnt, an der Aufregung, in der sich die Seele befindet, so lange er auf sie einwirkt, an der Finsternis und Betrübnis, in die er sie versetzt, an der Trockenheit und Indisponiertheit für das Gebet und alles Gute.

Jetzt dagegen ist sie zum Gebet so sehr disponiert, daß sie dabei höchst „ungewöhnliche Dinge“ erfährt, die sie freilich später, sicher geworden, ganz schlicht als Gebetsstufen einordnet, die Ekstasen einschließlich. Die Erfahrungen sind so stark, daß sie nicht vor der Mitwelt zu verbergen sind, die eifrig ihre Furcht vermehrt. Eines Tages kommt ein finsterer Caballero zu ihr ins Menschwerdungskloster und droht: „Vergessen Sie nicht Magdalena de la Cruz! Ganz Spanien hielt sie für eine Heilige, sie aber hatte sich dem Teufel verschrieben.“ Teresa antwortete leise: „Nie denke ich an sie ohne Zittern.“ Der Edelmann verließ das Kloster als ihr Verehrer: „Eine solche Demut zeigt keine Teufelskreatur!“

Magdalena de la Cruz war die Sensation des Jahrhunderts, ein trauriges Symbol des Truges und der Verirrung. Die Kaiserin Isabel, Frau Karls V., verehrte sie, schenkte ihr gar das Taufkleid Philipps II.; der Bischof von Sevilla, Alonso Manrique, lag dieser Clarissin aus Córdoba zu Füßen, die angeblich nur vom Empfang der Heiligen Kommunion lebte und, wie sie sagte, das Jesuskind ein zweites Mal geboren hatte – weniger ein Zeichen ihres Raffinements als der Wundersucht der Zeit. Doch Mitte der vierziger Jahre kommt man ihr auf die Schliche, sie gesteht den Betrug und gibt die Namen der Teufel, denen sie verbündet war, mit Balbán und Pitonio zu Protokoll. Übrigens hatte man Mitleid mit ihr, die Strafe war milde – aber ihr Name fiel, wo immer Falschheit zu fürchten war.

Teresa bezieht sich auf diesen Vorgang, wenn sie erzählt: „Weil es damals Frauen gab, die vom Teufel schwer getäuscht und betrogen wurden, begann ich mich zu fürchten.“ Ursache ihrer Angst waren die großen Gebetsgnaden, mit denen Gott sie beschenkte. Vor allem Visionen. Dabei weiß Teresa „sehr wohl, daß es sich nicht um bloße Vorstellungen handelt. Denn wenn ich mich auch hinterher halb umbringe, um mir die Erfahrung wieder zu vergegenwärtigen, ist mir das bei allem Bemühen doch unmöglich. So ist es mit allen diesen Dingen, soweit ich das beurteilen kann; die jahrelange Erfahrung läßt es mich mit Bestimmtheit sagen“ (54). Solange Teresa ins Gebet versenkt ist, spürt sie „eine große Sicherheit, daß es Gott ist“. Hinterher kommen dann wieder die Zweifel, trotz der offensichtlichen Stärkung und „Besserung“ durch die Erfahrung. Diese Furcht wächst mit dem Konflikt, in den Teresa bei Aufhebung des Denkens und Vorstellens – also bei tiefer Versunkenheit – mit der Liebe zur Menschheit Christi gerät. Sie fragt sich zur Zeit der Autobiographie noch, ob nicht gerade der Teufel das Denkvermögen aufheben könne, um die Seele mit beglückenden Empfindungen zu täuschen. In Cuenta 29 heißt es dann aber: „Einen solchen Frieden, eine so ruhige Beglückung vermag der Teufel nicht zu geben. Darum preise ich im Gedanken daran den Herrn und denke an den Psalmvers: ‚Qui posuit fines tuos in pace.‘ ‚Er verschafft deinen Grenzen Frieden‘ (Ps 147,14).“

Die Visionen und inneren Ansprachen stellen sich ein, sobald Teresa im tiefen Gebet der Ruhe ganz heimisch ist. Später, als dieses Gebet zum „Zustand“ oder zur Haltung geworden ist, erfolgen sie auch außerhalb, oft plötzlich inmitten irgendeiner Tätigkeit. Daher auch Teresas Furcht „bei hellichtem Tage“, denn in jedem Falle bedeuten diese Erlebnisse tiefe Erschütterungen, Einbrüche in das vertraute Leben, unvorhersehbar in den Konsequenzen. Die Klostergründung und damit die Ordensreform verdankt ihre Realisierung solchem göttlichen Zuspruch.

Aber in aller Erfahrung und Förderung, gesundheitlichem und seelischem Voranschreiten, bleibt doch ein Quentchen Unsicherheit, das von Teresas Umgebung eifrig vermehrt wird. Und weder im alten noch im neuen Kloster ist ein fester Beichtvater engagiert. Teresa legt auch großen Wert auf die Freiheit, sich den Seelenführer, der in ihrem Jahrhundert die gleiche Rolle spielt wie in unserem ein Psychologe oder Psychotherapeut, selbst aussuchen zu können. Nur, Tücke des Schicksals, als die großen Erfahrungen beginnen und sie dringend eines guten Seelenführers bedarf, hat sie keinen.

Sie geht darum zu einem entfernten Verwandten, Francisco de Salcedo, einem verheirateten Mann, den sie so sehr schätzt, daß sie ihn meist „den heiligen Edelmann“ nennt. Er hat neben der Ehe Theologie studiert, besitzt eine Frau, die seiner würdig ist, und wird auch tatsächlich nach ihrem Tode Priester. Als Teresa zu ihm kommt, ist er noch der verheiratete Edelmann, der vernünftigerweise einen in Avila hochgeschätzten Weltgeistlichen zuziehen will, den Magister Gaspar Daza. Dieser ist ein vielbeschäftigter Mann. Er hört sich einmal an, was Teresa zu sagen hat, versteht nichts und erklärt, hiermit sei nun alles bestens, weitere Gespräche erübrigten sich, er habe mehr zu tun. Er kennt nicht Teresas Osuna-Gebet und seine Wirkungen, ebenso wenig wie der heilige Edelmann. Beide sind auf die Cisneros-Methode „montags Tod, dienstags Hölle“ eingeschworen, bzw. auf das, was man aus dem schönen und nützlichen Exercitatorio des Cisneros simplifizierend gemacht hat*. Immer eifriger versucht Teresa zu erklären, was ihr widerfährt, auch das Herbeibringen des Buches von Laredo gibt den beiden „Seelenführern“ keine Erleuchtung, und Teresa muß noch einmal „so gut sie konnte“ Bericht erstatten. Einige Zeit verging dann, weil die beiden Gelehrten sich miteinander berieten. In ständig wachsender Furcht erwartete Teresa die Antwort. Sie war vernichtend: es ist mit Sicherheit der Teufel!

Aber je mehr man Teresa warnt, um so stärker werden die inneren Erfahrungen. Immer häufiger vernimmt sie im Innern Worte wie: „Ich bin es, fürchte

---

* Vgl. die Texte in: Erika Lorenz, Der nahe Gott.

dich nicht!“ (53). Bald redet man allenthalben über sie, die Herren Daza und Salcedo haben geschwatzt. Doch kam ihnen auch ein guter Gedanke: sie vermitteln Teresa die Verbindung zu einem Pater der Gesellschaft Jesu. Es wurde sehr dringend für Teresa, einen neuen Beichtvater zu finden, denn ihr Vertrauen war schwer erschüttert: „Ohne Zweifel fürchte ich jene, die den Teufel fürchten, mehr als den Teufel.“

Jesuitische Helfer

Der junge Jesuitenorden, zur Zeit des Klostereintritts Teresas gegründet, hatte sich schon weit in der ganzen Welt verbreitet. In Avila besaß er seit 1551 ein Haus, in das Anfang 1555 der dreiundzwanzig Jahre junge Diego de Cetina einzieht. Man hatte ihn gerade zum Priester geweiht. Er soll jetzt Teresas Seelenführer sein, mit dem Eifer eines Anfängers widmet er sich dieser Aufgabe. Spätere Vorgesetzte bezeichnen ihn in geheimen Gutachten als mittelmäßig. Aber dieser junge Pater brachte eine große Gabe mit: Gesunden Menschenverstand, der es ihm möglich machte, Teresas Erfahrungen positiv zu sehen. Er sagte ihr, daß seiner Ansicht nach der Geist Gottes in ihr wirke.

Die große Erleichterung wird jedoch von Vorsichtsmaßnahmen begleitet: Teresa soll das kontemplative Beten meiden, da aus diesem inneren Schweigen die beunruhigenden Erfahrungen erwachsen. Auch ohne sie wird Gott sie seinen Weg führen – und der Pater Cetina ist überzeugt, daß Gott sie für große Aufgaben zum Nutzen vieler vorgesehen hat. Teresa erkennt in ihm eine prophetische Gabe durch das Wirken des Heiligen Geistes.

Er verfährt nun mit ihr nach der guten Methode, die er aus den Exerzitien des Ordensgründers erlernt hat: Er läßt sie eine Lebensbeichte aufschreiben, wobei Teresa das Gute und das Böse auflisten muß. Sie ist davon betrübt und erschöpft, weil sie die Waagschale des Bösen so viel mehr belastet sieht. Zugleich erfährt sie, daß es nicht möglich ist, einfach das kontemplative Beten abzustellen. Ist doch das Gebet der Ruhe oder gar der Einung eine Gabe Gottes, dem Wollen des damit Beschenkten überlegen. Aber sie übt nun auch wieder jenes eher meditative, einfühlende und vorstellende Beten, das Pater Cetina mit den ignatianischen Exerzitien an sie heranträgt. Sie soll „zurückgehen auf das innere Gebet“, sagt sie, auf jene innere Vergegenwärtigung des Herrn, die einen ganz konkreten Ausgangspunkt hat.

Teresas Biographen waren sich nicht immer einig, ob sie die Exerzitien übte. Ihr erster Biograph Ribera sagt: sie bekam einen Teil der Exerzitien auferlegt. Sie selbst berichtet in der Autobiographie: „Ich sollte jeden Tag im Gebet über eine Leidensstation nachdenken.“ Und was dabei besonders wichtig war: „Ich sollte an nichts anderes denken als an die Menschheit Christi und dabei der inneren Versenkung und Beglückung widerstehen, so sehr ich es vermochte.“ Nun, dieses Widerstehen führt zu vermehrten derartigen Erfahrungen. Aber die Vertiefung in das Leben und Leiden Christi ist wohltuend, offenbar mit jener Freiheit, die Teresas Beten schon in jungen Jahren gekennzeichnet hatte, denn sie hebt hervor: „Er (Pater Cetina) bedrängte mich nicht, er schien alles ganz leicht zu nehmen. Und gerade das brachte mich viel mehr zur Liebe Gottes, die Freiheit braucht.“ Nur zwei Monate dauerte diese geistliche Führung, die sich offensichtlich der Exerzitien bediente, aber diese Zeit wird von Teresa außerordenlich hoch bewertet, weil sie der Menschheit Christi, ihrem Lebensraum, wieder voll integriert wurde.

Wie weit sie dabei auch in das ignatianische Denken eindrang, ist schwer zu bestimmen. Es ist möglich, daß sie alle „vier Wochen“ durchmaß: Die erste mit dem Überdenken der Fehler und Sünden – die schriftliche Aufgabe – die beim Übenden voraussetzt, daß er sich bereits von der Sünde abkehrte. Aber das Überdenken läßt ihn mehr Demut gewinnen – das Fundament allen geistlichen Lebens, wie Teresa mit ihrem ersten Lehrer Osuna immer wieder betont. Die zweite Woche kreist um die Menschwerdung und verfolgt das Leben Christi bis zum so paradox bejubelten Einzug in Jerusalem. Wir wissen nicht, ob Teresa auch direkt die Texte des Ignatius vorgelegt bekam, die Exerzitien wurden damals noch mit großer Zurückhaltung gegeben. Aber es fällt doch auf, daß seine soldatischen Gleichnisse aus der zweiten Woche bei Teresa wiederkehren. Das Banner Christi, unter dem man gegen den Teufel in die Schlacht zieht, macht auch ihre Töchter zu Soldaten: „Als tapfere Soldaten richten wir unseren Blick nur auf das Banner unseres Königs“, denn „Soldaten Christi sind jene, die das kontemplative Beten pflegen“. Auch wird in dieser Woche die Armut hervorgehoben, die ihr bei ihrem ersten Kloster, wie noch gezeigt wird, so sehr am Herzen lag.

Die dritte Woche ist konzentriert auf das Leiden Christi, um zur Nachfolge zu motivieren. Sie mündet in eine kontemplative Haltung, denn aus der vertieften Betrachtung soll wachsende Liebe hervorgehen. In der vierten Woche kommt die Freude zu ihrem Recht, das Staunen über die Auferstehung Christi und alle Konsequenzen der Herrlichkeit für den sterblichen Menschen. An sie schließt sich die „Betrachtung zur Erlangung der Liebe". Als ersten Grundsatz gibt der heilige Ignatius an, „daß die Liebe mehr in die Werke gelegt werden muß als die Worte". Es scheint, als habe Teresa diesen Satz gekannt, der dann sein Echo findet in Lehren wie: die unbeschuhten Karmeliten „sollen mehr durch Werke als durch Worte lehren" (59), oder „wir müssen uns alle bemühen, durch Werke zu predigen". Ignatius bringt in seinen Betrachtungen zur Erlangung der Liebe für Gottes Gnade die Gleichnisse der Sonne und des Quells – Teresas Lieblingsbilder sind solche des Wassers , und ihre „Innere Burg" ist um die Sonne zentriert.

Sie ist nach zwei Monaten intensiver Betrachtung innerlich gestärkt, aber noch nicht ganz glücklich über die Diskrepanz zwischen ihrer Erfahrung und dem beichtväterlichen Befehl, das gedanken- und bildfreie kontemplative Beten nach der Weise Osunas zu unterlassen. Da kommt ihr der Besuch eines ganz Großen aus dem Jesuitenorden zu Hilfe. Francisco Borja, ehemaliger Herzog von Gandía, reist durch Kastilien. Er gehört zu den ersten, die sie in ihrem 53. Bericht der Inquisition nennt. Sie hält sich in dieser Aufzählung von zehn jesuitischen Beichtvätern nämlich nicht an die persönliche Bedeutung, die die Patres der Gesellschaft Jesu für sie bekamen, sondern an deren Rolle und Stellung im Orden. Pater Francisco Borja ist nun ein Glücksfall, da er dem engsten Kreis um Ignatius entstammt, in der Gesellschaft Jesu noch zum General aufsteigen wird, auch in den Augen der Weltmenschen eine Persönlichkeit ersten Ranges ist und sich vorzüglich und äußerst hilfreich mit ihr versteht.

Sie trifft ihn zweimal, im Mai 1555 und im April

1556, beide Male in Avila. Das zweite Mal mit Sicherheit im Palast ihrer frommen adeligen Freundin, der Witwe Doña Guiomar de Ulloa, die Teresa bei sich aufnimmt, als sich durch die große seelische Erregung der Visionen und Ekstasen alte Krankheiten einstellen, vor allem Erbrechen zweimal täglich. Teresa hielt sich von 1555–58 bei dieser neuen Freundin auf, deren Haus einem Kloster glich. Teresa war ja noch nicht zur Klausur verpflichtet, konnte sich also aus dem Menschwerdungskloster entfernen, wenn sie dort zur Belastung wurde.

Borja hat schon ein bewegtes Leben hinter sich. Er war verheiratet, wurde durch den Anblick der toten Königin Isabel von Kastilien so erschüttert, daß er das weltliche Leben verließ und nach dem Tode seiner Frau in den Jesuitenorden eintrat. Als Ordensgeneral und Heiliger ging er in die Geschichte ein. Auch die Franziskaner, mit deren Ordensgründer ihn sein Vorname verbindet, hatten ihm nahegestanden, er kennt und schätzt das Gebet des Osuna und empfiehlt Teresa, dieses Gebet der Ruhe mit allen seinen Folgen weiter zu üben. Damit befreit er sie aus dem inneren Konflikt. Zugleich ist Francisco Borja nach dem Zeugnis seiner Zeit der Apostel der Exerzitien des heiligen Ignatius. Er, aus dessen Familie ein Papst hervorging – Alexander VI. –, ebenso wie der spätere Vizekönig von Peru, setzt schon 1547 in Rom durch, daß für die Übung der Exerzitien Ablaß gewährt wird. Eine ganz einmalige Maßnahme, die auch jene Seelenführer besonders motiviert haben mag, die Teresa in ihrer Gefährdung diese Methode gaben.

Francisco Borja kommt nach Avila, als man Cetina von dort wegversetzt hatte, ein bei den damaligen Jesuiten häufiges Verfahren, da man allenthalben nach ihnen verlangte. Die Begegnung ist für Teresa eine große Ermutigung. Von nun an verbindet sie Meditation und Kontemplation in der ganz spezifischen Weise, die sie später im „Weg der Vollkommenheit" lehrt. Borja sagt ihr, so berichtet sie, es handele sich bei der schweigenden Versenkung um den Geist Gottes, dem sie nicht widerstehen dürfe: „Ich sollte vielmehr mein Gebet mit der Betrachung eines der Geheimnisse aus den Leiden Christi beginnen, dann aber, wenn mir der Herr den Geist erheben wolle, keinen Widerstand leisten, sondern mich von seiner Majestät führen lassen, ohne mich selbst um eine solche Erhebung (Gedankenstille im Gefühl der Anwesenheit Gottes) zu bemühen." Es ist das Thema, auf das Teresa noch in vielen Variationen zurückkommen wird.

Bei ihrer zweiten Begegnung mit Pater Francisco Borja bespricht Teresa ein theologisches Problem. Sie hat zu dieser Zeit ein starkes Bewußtsein von der Aufhebung des Willens im Zustand tiefer Versunkenheit. Sie schreibt in ihrem zweiten Bericht an die Inquisition ganz frei von dieser Erfahrung, kann sie sich doch auf die Bestätigung durch Borja stützen. Sie geht aus einem teilweisen „Schlaf der Seelenvermögen" hervor, wie er aus dem „Gebet der Ruhe" erwächst:

„Wenn es sich dabei auch nicht um die volle Einung (die Unio mystica) handelt, erfährt doch die Seele manchmal oder sogar oft die Bindung allein des Willens, und sie erkennt ganz deutlich – ich sage das, weil es so scheint – daß er gänzlich mit Gott befaßt ist, so sehr, daß ihm nichts weiter zu tun bleibt. Die beiden anderen Seelenkräfte (Verstand und Gedächtnis) sind dagegen frei für Werke und Tätigkeiten im Dienste Gottes." Teresa bezeichnet darum diese beiden Seelenkräfte zusammen als Marta, den Willen aber als Maria, meint doch „Wille“ nach der alten augustinischen Terminologie und Menschenauffassung vor allem das Lieben: „Kurz, Marta und Maria sind beisammen. Ich fragte Pater Francisco (Borja), ob ich mich, töricht, wie ich bin, mit diesem Eindruck täusche, aber er sagte mir, es sei eine bekannte Erfahrung“ (54). Teresa, durch deren Leben sich die Marta- und Mariavergleiche ziehen, weil sie selbst die Kraft und Motivation zum aktiven Leben aus dem kontemplativen gewinnt, bezieht also den wesentlichen Anstoß zu diesem Lieblingsgleichnis aus der inneren Erfahrung.

Später, in der „Inneren Burg“, berichtet sie von der großen Schwierigkeit, daß bei aller Versunkenheit in Gott doch die Gedanken noch so unruhig sein können, einen solchen „Lärm“ machen, daß ihr der Verstand als „unsinnig“ erscheint (tortolito!). Sie war froh, als ihr Johannes vom Kreuz bestätigte, daß es nicht der Verstand sei, der sich so vernunftlos verhält, sondern die Einbildungskraft, die die Gedanken antreibt.

„So nennen es die Frauen“, schreibt Pater Gracián an den Rand des Manuskripts!

Bald nach dem ersten Gespräch mit Borja erhält Teresa einen neuen jesuitischen Beichtvater: Juan de Prádanos, der im Mai in Avila eintrifft. Ein Glücksfall, denn Prádanos ist ein brillanter Kopf und in spirituellen Dingen erfahren. Er sieht, daß Teresa, deren großes Umkehrerlebnis erst etwa ein Jahr zurückliegt, noch Freundschaften pflegt, die sie innerlich behindern. Wieder muß sie eine bewußtseinsfördernde Lebensbeichte ablegen, in deren Folge er ihr aufträgt, das „Veni creator spiritus“ andächtig zu beten.

Das tat sie, so viel wir wissen, Ostern im Hause der Witwe Guiomar de Ulloa. Das Gebet brachte ihr eine lebensentscheidende Erfahrung: Die erste Ekstase stellte sich ein, und sie vernahm innerlich die Worte: „Ich wünsche, daß du nicht mehr mit Menschen, sondern mit Engeln umgehst." Teresa war zunächst erschrocken über die Heftigkeit der ekstatischen Erfahrung und die tiefe Innerlichkeit der Stimme. Aber sie zieht die ganz klare Konsequenz, daß sie von nun an nur noch mit solchen Menschen Freundschaft pflegt, die Gott lieben und ihm dienen wollen – ohne Rücksicht auf verwandtschaftliche und sonstige von außen gegebene Verpflichtungen. Alle anderen Beziehungen werden zum Kreuz, das freilich auch getragen sein will.

Teresa ist nun so frei, wie der Beichtvater sie sich wünschte, der es nicht erzwingen, sondern aus der inneren Entwicklung kommen lassen wollte. Sie fühlt sich neu, eine andere, der Herr schenkte ihr, so sagt sie, die Freiheit, und er gab ihr die Kraft, diese Freiheit in seinem Dienste zu gebrauchen.

Der Prozeß der inneren Umkehr, der unter der Leitung von Barrón mit der Rückkehr zum inneren Beten begann, der seinen emotionalen Höhepunkt in der Erschütterung vor dem Ecce homo fand, ist hier in der Dramatik einer Ekstase beendet, der ruhiger Friede folgt. Teresa erfährt sich als so ganz gewandelt, so völlig Gott geschenkt und hingegeben, daß sie diese Erfahrung der Engelsansprache als ihre „geistliche Verlobung" bezeichnet. Nun ist auch nach außen hin klar, wem sie gehört. Die Ekstasen kehren wieder: „Und so seht ihr, was seine Majestät tut, um die Verlobung zu bestätigen, die nach meinem Verständnis stattfindet, wenn der Herr Ekstasen verleiht, in denen die Sinnestätigkeit ausgeschaltet ist."

Als im folgenden Jahr Pater Prádanos schwer an einem Herzleiden erkrankt, findet er in Teresa eine hingebende Pflegerin. Alles Prestige ist vergessen, es geht nur noch um den Dienst im Namen des Herrn. Aber auch dieser Pater muß Avila verlassen.

Eine ungünstigere Zeit beginnt: die Herren Daza und Salcedo treten wieder auf den Plan, und der neue jesuitische Seelenführer Baltasar Alvarez erfreut sich zwar später eines großen Rufes in spirituellen Dingen, doch hat er diese Kenntnisse erst im Umgang mit Teresa und aus der durch diesen Umgang notwendig werdenden Lektüre erworben. Das Verhältnis beginnt sich umzukehren, der geistliche Vater wird der Heiligen auch „Sohn“. Ein sehr unsicherer Sohn, der Pater Alvarez, der weder zu bestätigen noch zu verurteilen wagt. Er bittet hier und da Salcedo-Daza um Rat und trägt so dazu bei, daß Teresas intimste Erfahrungen im öffentlichen Gespräch bleiben, nicht zu ihrer Freude. Später stellt sie fest, daß die Angst des Alvarez auch eine Angst vor seinem Vorgesetzten ist, dem Rektor Vázquez in Avila, der visionäre Nonnen nicht mag. Im Grunde sieht sich Teresa jetzt nicht mehr einem mißtrauischen Duo, sondern einem ganzen Quartett gegenüber. Sie sagt nicht, von wem der schlimme Rat stammt, aber alle vier stimmen ihm zu: wenn ihr Christus erscheint, so soll sie sich bekreuzigen, ihm mit einer verächtlichen Geste (der obszönen „Higa“) begegnen und ausspucken!

Teresa kommt dadurch in eine schlimme Lage, denn ihre Gelübde verpflichten sie zum Gehorsam. So entschuldigt sie sich ständig bei ihrem Herrn Jesus Christus, hält das Kreuz immer in der Hand, um sich nicht gegen ihn wie gegen den Satan bekreuzigen zu müssen, und ist in ihrem tiefsten und heiligsten Gefühl verletzt.

Das Quartett oder zumindest das offen sichtbare Terzett wird zunehmend rigoroser, weil die Angst wächst, denn in den Jahren 1558/59 erreichen die inquisitorischen Maßnahmen und Ketzerverbrennungen ihren Höhepunkt. Frauen sind durch diese Autodafés besonders gefährdet; man will ihnen jetzt überhaupt das kontemplative Beten verbieten.

Teresas gequälte Seele findet Hilfe in zahlreichen Christuserscheinungen und inneren Ansprachen. Zu dem Gebetsverbot sagt Christus: „das ist Tyrannei", und das Kreuz, das sie gegen ihn in der Hand halten muß, verwandelt sich in überirdisch schöne Edelsteine: Symbolik des unendlichen Wertes, den Christi Kreuz und Leiden für Teresa besitzt.

Pater Alvarez, der „Jeinsager", wird mit Teresas erster Vision konfrontiert, die man in der spanischen Terminologie „visión intelectual" nannte. Der sie Erfahrende sieht keine Bilder, erhält aber die ganz klare Kenntnis einer göttlichen Präsenz, wobei ihm tiefe Erkenntnisse zuwachsen. Diese Visionsart ist der alten christlichen Mystik vertraut, nicht aber dem Pater Baltasar Alvarez. So entspinnt sich folgendes Gespräch:

„In welcher Form sehen Sie ihn denn?" – „Das weiß ich nicht, aber ich kann nicht umhin, klar erkannt zu haben, daß er bei mir war, das sah und spürte ich ganz deutlich." – „Wer sagte Ihnen, daß es Jesus Christus war?" –

„Das sagte er selbst mir schon oft. Aber schon ehe er etwas sagte, prägte es sich meinem Verstehen ganz tief ein, daß er es war. Und noch davor hatte er es mir gesagt, ohne daß ich ihn sah."

Auf diese dunkle Rede hin begnügt sich Pater Alvarez damit, die Heilige mit strengem Blick zu verabschieden. Mit dem „davor" aber hatte sie sich auf eine innere Ansprache bezogen, die sie schon früher vernommen hatte und die sich wiederholte: „Ich bin es, fürchte dich nicht" (53). Dem indignierten Pater Alvarez widerfährt nun etwas, was auf einigen Humor beim Heiligen Geist schließen läßt. Eine Zeugin hat es berichtet:

„Als nach diesem Gespräch der Beichtvater sich wieder in seine Zelle begeben hatte, hob er den Kopf und sah Christus unseren Herrn, was ihn nicht wenig verwunderte. Am nächsten Morgen kam er zur Mutter Teresa, um ihr zu sagen, was er gesehen hatte. Sie antwortete ihm: ‚Glauben Sie es nicht, Pater. Christus sollte Ihnen erschienen sein? Das war nicht Christus, sehen Sie das ein!' Er aber kam ihr mit vielen Begründungen, damit sie sähe, es war der Herr selbst. Da sagte sie: ‚Verstehen Sie es nun, Pater? So wie Ihnen jetzt zumute ist, so geht es auch anderen, die zu Ihnen kommen, um Ihnen zu berichten.'"*

Aber als dann der Klostergründungsgedanke immer klarere Formen annimmt, kann sich Pater Alvarez doch zu keinem Ja durchringen, obwohl er sonst liebevoll und freundlich ist. Teresa aber konnte „nur noch weinen".

Wieder ist es ein ganz Großer, ein Heiliger, der neuen Mut und Hoffnung gibt: Pater Petrus von Alcántara, strengsanfter Reformer des Franziskanerordens, besucht Teresa, versteht und untersützt sie, was sich sehr heilsam auf ihre Beichtväter auswirkt. Auch der Provinzial ihres Ordens, Angel de Salazar, gibt seinen Widerstand auf und stimmt ihr zu. Und ein Jesuit gleichen Familiennamens, Gaspar de Salazar, ersetzt in Avila den feindseligen Vázquez.

Teresas Verhältnis zu diesem neuen Jesuitenoberen

---

* Isabel de Jesús, Proc. Salamanca 1610. Diese Karmelitin erklärte, sie habe die Geschichte aus Teresas eigenem Munde gehört.

wird ein ganz hervorragendes. Sie fühlt nach dem ersten Gespräch mit ihm innerlich „Frieden, Sanftheit" – Zeichen des Heiligen Geistes. Salazar S. J. läßt es nicht dabei bewenden. Er nimmt sich Baltasar Alvarez vor, stellt ihm eine Meditationsaufgabe: Er soll Betrachtungen anstellen über den Psalmvers: „Quam magnificata sunt opera tua, domine; nimis profundae factae sunt cogitationes tuae" – Wie groß sind deine Werke, o Herr, wie tief deine Gedanken (Ps 92,6). Und Pater Alvarez, der sich in der Heiligen Schrift auskennt, weiß auch, wie die Fortsetzung lautet: „Ein Mensch ohne Einsicht erkennt das nicht, ein Tor kann es nicht verstehen." Der meditationsgeübte Pater Alvarez ändert seine Meinung, von nun an findet Teresa bei ihm tatkräftige Unterstützung.

Teresa bleibt dem Rektor Salazar ein Leben lang in Freundschaft verbunden. Doch kommt es seinetwegen später fast zu einem Bruch mit den Jesuiten, an denen ihr doch so viel gelegen ist. Das zeigen die Briefe aus ihrem letzten Lebensjahr; sie empfiehlt diese Patres ihren Nonnen als Beichtväter, solange nicht genügend „Unbeschuhte" zur Verfügung stehen, und sie wünscht noch im August 1582, weniger als drei Monate vor ihrem Tode, daß doch ein Jesuit – Gaspar Sánchez – im neugegründeten Kloster von Burgos Predigten halten möge. Sie wünscht dieses, obwohl sie inzwischen viele Anfeindungen der Jesuiten ertragen mußte. Zum Teil wegen ihres kontemplativen Gebets, das nicht aus den „Exerzitien" hervorgeht, vor allem aber, weil der Freund Gaspar de Salazar, im Orden hochgestellt und angesehen, Neigung zeigt, zu den Unbeschuhten Karmeliten überzutreten. Da gehen die Wogen hoch, das Prestige ist in Gefahr, und Teresa stellt erschrocken fest: „Ich bin gewiß nicht so leichtfertig, daß ich mich in eine so ernste Sache wie den Ordenswechsel einmische. Aber ich habe auch nie gedacht, daß der Arm Gottes hinsichtlich des Ordens Unserer Lieben Frau (der Karmeliten) kürzer ist als für andere Orden." Schließlich nimmt jedoch Pater Salazar von seinem Vorhaben Abstand.

Wesentlich ist auch die Begegnung mit Rektor Jerónimo Ripalda SJ; Teresa berichtet von ihm schon 1568 anläßlich der Gründung von Valladolid, und sie wählt ihn sich 1573 in Salamanca zum Beichtvater. Er gehört zu den Männern, die sie erst grimmig bekämpften, so lange sie nur von den „mystischen Phänomenen" wußten und Teresa für eine hysterische oder sektiererische Pseudomystikerin hielten. Nach persönlicher Bekanntschaft aber wird er ein treuer Freund und Förderer Teresas. Insbesondere erkennt er den Wert der Niederschrift ihrer „Klostergründungen". 1562 hatte sie auf Veranlassung eines Dominikaners, García de Toledo, die erste Gründung beschrieben, was in die Autobiographie aufgenommen wurde. Ripalda erkennt den hohen Rang ihrer Schilderungen, die ein heutiger Teresa-Kenner zur Gattung des Schelmenromans rechnen möchte*. Ripaldas Wunsch ist Anlaß für die eigentliche Entstehung des Buches der Gründungen. Erst Jahre später, als es ins Stocken gerät, sorgt Pater Gracián für die Fortsetzung. Übrigens wäre auch dieser ihr Lieblingssohn um ein Haar Jesuit geworden. Das „Haar" war die Bekanntschaft mit Teresas Reformideen.

---

* Vgl. Cinco Ensayos.

Das Woher und das Wie, sie weiß es nicht. Aber so geschieht es, und solange es anhält, muß sie es zur Kenntnis nehmen. Ist es aber vorüber, kann sie es nicht so wie zuvor in sich erzeugen, sie erreicht nichts, denn es wird klar, daß es sich dabei nur um Imagination handelt, nicht aber um Präsenz, die nicht in ihrer Macht steht. Und so ist es mit allen übernatürlichen Dingen. Darum erkennt gerade der seine Nichtigkeit, dem Gott solche Gnade erweist, denn er sieht, daß er dem Geschenk weder etwas hinzufügen noch nehmen kann. Daraus entsteht mehr Liebe und Demut im Dienste dieses gewaltigen Herrn, dessen Weise des Wirkens hier auf Erden unser Verstehen übersteigt. Auch wenn wir noch so gebildet sind, gibt es ganz unbegreifliche Dinge. Gesegnet sei, der sie gibt, jetzt und in Ewigkeit, amen.

Visionen

Teresa steht mit ihren visionären Erfahrungen nicht allein, ihre Zeit scheint geradezu prädestiniert dafür. Das hängt mit der Art des Betens, mit der betonten Hinwendung zur Innerlichkeit zusammen. Leider waren es gerade die Strömungen an der Grenze des Sektierertums, die vor allem ein kontemplatives Gebet pflegten, das für die sogenannten mystischen Phänomene, zu denen auch die Visionen gehören, die Voraussetzungen schuf. Je ungewöhnlicher die Erfahrungen waren, um so eher schienen sie dem naiven Verständnis eine tiefe Religiosität und Gottesnähe zu beweisen. Die Theologen freilich dachten anders, und es ist kein Zufall, daß gerade in diesem Jahrhundert ein Ignatius von Loyola größten Wert auf die Ausarbeitung einer Methode zur Unterscheidung der Geister legte. Die wichtigste religiöse Bewegung in Spanien, die gewissermaßen eine „neue Innerlichkeit" pflegte, war die der „Alumbrados", der „Erleuchteten". Eine Frau war führend in dieser Bewegung, die sogenannte „Beatin" Isabel de la Cruz in Kastilien, wie überhaupt gerade fromme Frauen sich durch ihre Visionen, Ekstasen, Stigmatisierungen usw. hervortaten. Zunächst folgte die Bewegung noch großen Gebetslehrern wie Francisco de Osuna, aber allmählich trat anstelle der kontemplativen Sammlung immer mehr ein Sich-Gott-irgendwie-Überlassen, das mit seinem Absolutheitsanspruch alles andere, auch die Nachfolge Christi, verdrängte. So sah sich die Inquisition 1525 in Toledo mit Recht zu einem Edikt genötigt, das die christlich unannehmbaren Lehren der Alumbrados verurteilte. Dazu gehörten Sätze wie „Gott ist mehr im Menschen als in der Hostie, denn die Hostie besteht nur aus einem Teig, der Mensch aber wurde nach dem Bilde Gottes geschaffen", oder „Wer sich ganz Gott überläßt, hat weder Fasten noch Werke der Barmherzigkeit nötig, und keine Sünde vermag ihn von Gott zu trennen". Ja, man forderte geradezu zur Sünde auf, damit Gottes ganze Barmherzigkeit herausgefordert werde. 1529 begannen dann die Ketzerprozesse gegen die Alumbrados.

Es lag also nahe, Teresa als eine Alumbrada anzusehen, als ihre Visionen in schneller und heftiger Folge einsetzten. Die große Frage, Gott oder der Teufel, wird in jeder Hinsicht lebensentscheidend. Denn auf der einen Seite muß und will Teresa jede Verwechslung mit dem einseitigen Sektierertum ausschließen, und andererseits greifen die visionären Erfahrungen so tief in ihr inneres Leben ein, formen sie so entscheidend, daß die Wahrheit und Echtheit ihrer Existenz von deren Qualität abhängt.

Nun kennt die mystische Tradition eine Klassifizierung, eine Wertordnung visionärer Erfahrung, die von außen nach innen, vom gewissermaßen Grobstofflichen bis zum Feingeistigen fortschreitet. Pater Jerónimo Gracián erarbeitet, teils im Anschluß an die Tradition, teils auf die Erfahrungen gestützt, die er von Teresa vernommen hatte, eine Visionenlehre mit folgender Einteilung:

1. Die Vision wird in die Außenwelt projiziert, so daß die leiblichen Augen sie erblicken. Gracián gibt als Beispiel den brennenden Dornbusch an, der dem Mose erschien. 2. Die Vision erscheint nur dem inneren Blick, etwa so, wie der Apostel Paulus in seiner Entrükkung etwas aus dem Jenseits wahrnahm. 3. In der inneren Vorstellung wird ein Bild erzeugt, immaterieller und zarter als die Dinge der sinnlichen Wahrnehmung. 4. Es gibt keinerlei bildliche Wahrnehmung mehr, aber doch die innere Erfahrung einer Anwesenheit oder Gegenwart. 5. Es werden innere Ansprachen vernommen. 6. Ohne Bilder und Denkvorgänge wird höchste Erkenntnis in übernatürlicher Erleuchtung vermittelt. Eine übernatürliche Erleuchtung (visión intelectual sobrenatural) liegt vor, wenn dem Verstand die Erkenntnis hoher und höchster Dinge ermöglicht wird, an die er aus eigenen Kräften nicht heranreicht, also etwa

Wissen über das ewige Leben, Erkenntnis des Wesens der heiligen Dreifaltigkeit; oder Tugenden und Vollkommenheiten werden in so klarem Lichte gesehen, wie man es mit allem Studium niemals erreichen könnte.

Die zeitgenössische Bewertung entspricht der angegebenen Reihenfolge. Am unsichersten, d.h. am ehesten dem Teufel zugänglich sind Visionen, die in die Außenwelt hineinprojiziert werden, aber auch überhaupt alles Bildhafte und Sinnliche kann täuschen. Als sicherste Art gilt die bild- und wortlose Vision (visión intelectual), die von einer geistigen Höhe Zeugnis ablegt und in einer Wesenstiefe erfahren wird, die Gott allein vorbehalten ist.

In Teresas ersten großen Visionen spiegelt sich die neugewonnene Christusverbundenheit. Und gleich die allererste ist von höchster Art, nämlich unanschaulich, wie sie berichtet: „Die Visionsart, nach der sie mich fragten, ist so, daß man nichts sieht, weder außen noch innerlich, denn sie ist nicht bildhaft (imaginär). Aber ohne etwas zu sehen, weiß die Seele, wer ihr nah ist und wo er sich befindet, viel deutlicher, als sähe sie ihn. Nur daß sie nichts Spezielles erkennt, sondern wie im Dunkeln spürt, daß jemand bei ihr ist. Er ist da, ohne daß sie ihn sieht“ (53). Auf der Gracián-Skala würde es sich um Punkt 4 handeln, eine innere Anwesenheit und Gegenwart ohne die geringste bildliche Wahrnehmung, und man könnte mit Teresa noch ergänzen, auch ohne hörbare Worte. Auch in der Autobiographie berichtet Teresa ausführlich von dieser Vision. Sie erklärt: „Christus schien mir immer zur Seite zu gehen; da es aber keine bildhafte Vision war, sah ich nicht, in welcher Gestalt. Aber ich nahm ihn ganz deutlich zu meiner rechten Seite wahr, und er war Zeuge allen meines Tuns." Durch die Ausschaltung der Sinne fällt bei Visionen dieser Art mit dem visuellen gewöhnlich auch das auditive Element weg, so daß trotz eines Erkenntnisvorgangs keine Worte vernommen werden. „Es ist", sagt Teresa, „als finde sich ohne jeden Essensvorgang die Speise gleich im Magen." So drastisch erklärt sie die Erfahrung „großer Wahrheiten und Geheimnisse" in Gottes unmittelbarer „Himmelssprache", die keiner menschlichen Hilfsmittel bedarf. Bei der ersten Erfahrung dieser Visionsart freilich war sie verwirrt, fürchtete sich und weinte. Die Vision begleitete sie tagelang und änderte sich insofern, als daß schließlich Christus ein Wort an sie richtete, das ihr die Furcht nahm und sie mit tiefer Ruhe erfüllte.

Teresa fürchtete sich und weinte, weil hier etwas auf sie zukam, das ihre natürlichen Kräfte überstieg, etwas Numinoses, Heiliges mit allen seinen Begleiterscheinungen des Tremendum und Fascinosum. Der Arzt und Mystikforscher Carl Albrecht hat in unserem Jahrhundert der Mystik eine wissenschaftliche Basis adäquaten Verstehens gegeben. Sie ist für ihn ganz grundsätzlich das „Ankommen eines Umfassenden im Versunkenheitsbewußtsein". Das Versunkenheitsbewußtsein ist nicht dumpf, sondern stellt die höchste geistige Klarheit dar, zu der ein Mensch gelangen kann, absolut offen und absolut konzentriert auf das Ankommen des Umfassenden. Das Umfassende wird so genannt, weil es unsere Erkenntnis- und Erfahrungsmöglichkeiten übersteigt, weil es mehr ist als alles, was wir von uns aus fassen könnten. Diese Grunderfahrung der Mystik kann durchaus personaler Art sein, wir können von einem personal Umfassenden sprechen, das christlich Gott genannt wird. Wichtig ist dabei die Grundgestimmtheit der Ruhe. Albrecht formuliert: „Die Versunkenheit ist ein voll integrierter, einheitlich und einfach gefügter, überklarer und entleerter Bewußtseinszustand, dessen Erlebnisstrom verlangsamt ist, dessen Grundgestimmtheit die Ruhe ist und dem als einzige Funktion eines nur noch passiv erlebenden Ichs die Innenschau zugeordnet ist.“ Nun wird aber von der erfahrenden Person das Ankommen des Numinosen nicht nur einfach passiv hingenommen, sie formt es auch gemäß ihrer individuellen Prägung. Weshalb, wie Albrecht feststellt, die Vision des christlichen Mystikers stets ein „Ergreifen im Glauben ist, also ein Geschehen, das aus dem Glaubensvollzug gespeist wird“. Zu dem Ergreifen im Glauben kommen die persönlichen metaphorischen Ausformungen, die jedoch nicht das Wesentliche der Erfahrung sind, so sehr sich auch darin das Bewußte oder Unterbewußte der Person ausdrücken mag. Wesentlich ist der tragende Grund für bildhaft Metaphorisches, nämlich das unmittelbare Wissen von dem Gegenwärtigsein des personal Umfassenden.

Teresas erste Vision wäre also die Grundlage aller weiteren visionären Vorgänge, denn sie war eine reine Präsenzerfahrung. Allerdings neigt der Mensch bei einer so starken, aber unanschaulichen Erfahrung dazu, sich Stützpunkte zu bilden, eine Lokalisierung dieses Anwesenheitsbewußtseins vorzunehmen. Albrecht gibt an, er würde etwa sagen, daß jemand an seiner rechten Seite dahinschreitet, womit der Arzt offensichtlich an die ihm bekannte Vision Teresas dachte. Vor allem aber ist „das Ankommen eines personalen Umfassenden eine Begegnung mit einem Du, das nicht nur eine sich auswirkende, sondern eine von sich aus handelnde Wesenheit ist, die als Person mit dem versunkenen Ich umgeht. Das Ich wird nicht nur betroffen, sondern es wird angeredet, aufgerufen, mit Verantwortung belastet, bewertet und geliebt. Es entspricht der verantwortungsvollen Behutsamkeit dieses Arztes, daß er hinzufügt: „Solche aus einem individuellen religiösen Bereich kommenden Aussagen müssen gegen einen psychologischen Zugriff geschützt werden."

Alles hier Gesagte bewahrheitet sich in Teresas weiteren Visionen, die gewissermaßen auf der Basis der anfänglichen Christus-Präsenzerfahrung aufbauen. Wie sehr sie selbst mit ihrem Gebet die Voraussetzungen geschaffen hatte, gibt sie in Cuenta 54 an: „Meine erste übernatürliche Gebetserfahrung, die ich so bezeichne, weil man sie mit allem Fleiß und Bemühen nicht zu erlangen vermag – wohl aber kann man sich, und das ist wichtig, für sie vorbereiten – ist ein inneres Sich-Versenken, als wolle die Seele sich von allen äußeren Umständen abwenden und verfüge dafür über eigene Sinne, die in einer Entsprechung zu den äußeren stehen. Aus dieser Versunkenheit breiten sich manchmal eine so beglückende innere Ruhe und innerer Friede in der Seele aus, daß sie gar nichts mehr wünscht, selbst Sprechen ist schon zuviel, ich meine, mit Worten zu beten oder zu meditieren. Sie möchte nichts als lieben. Das hält eine Weile oder auch längere Zeit an." In den folgenden Visionen wird die Anwesenheit Christi in inneren Bildern offenbar, und zwar enthüllt sie sich nach und nach, wie in einem spannenden Film, wenn dieser moderne Vergleich erlaubt ist:

Zuerst „gefiel es dem Herrn, mir einzig seine Hände zu zeigen, deren unvergleichliche Schönheit ich nicht zu schildern vermag. Wie immer, wenn der Herr mir zum ersten Male eine übernatürliche Gnade erweist, ergriff mich große Furcht. Aber schon wenige Tage später sah ich das göttliche Antlitz, das mich, so scheint es, in tiefer Versunkenheit zurückließ. Und am Festtag des heiligen Paulus, während der Eucharistiefeier, erschien mir die ganze Heilige Menschheit so, wie man den Auferstandenen zu malen pflegt." Teresa relativiert sofort den Vergleich mit einem Gemälde, der zu unlebendig ist und mit bloßer Vorstellung verwechselt werden könnte: „Man kann nicht sagen, es gäbe nur mehr oder weniger Unterschied zwischen einem gemalten und einem lebendigen Bild, denn dieses Bild lebte, es zeigte kein bloßes Abbild, sondern den lebenden Christus."

Diese sich allmählich entwickelnde Vision des Auferstandenen erfolgt in einem vom irdischen sehr verschiedenen Licht: „Auch wenn ich mich seit Jahren bemüht hätte, mir etwas so Schönes vorzustellen, hätte ich es nicht vermocht, denn es übersteigt jede Einbildungskraft, allein schon in seiner Weiße und seinem Glanz. Es ist ein Licht ohne Nacht, immer leuchtend, durch nichts zu verdunkeln. Kurz, ein Licht, das niemand, wie begabt er auch sein mag, sich je im Leben real vorstellen könnte."

Teresa betont auch, daß man sich gegen solche Lichtvision durch keinen Widerstand, durch kein Sich-Abwenden wehren kann, sie erfährt also hier in besonderer Stärke in der Vision die Einwirkung Gottes. Vergleicht man die ersten Visionen mit den Forschungen Carl Albrechts, so zeigt sich eine überraschende Übereinstimmung mit den Echtheitskriterien. Während nämlich die alte Mystik, und mit ihr Teresa, die Echtheit der Visionen in den Wirkungen ausgewiesen sieht, erkennt Carl Albrecht diesen nur eine relative Sicherheit zu und verlegt die Frage nach den Merkmalen in die Erscheinungen selbst. Dabei sieht er die größte Sicherheit göttlicher Einwirkung in der Präsenzerfahrung, die Teresas erste Vision bestimmte, und in zweiter Linie in der Lichterfahrung, die, wie auch Teresa sagt, alles Bekannte übersteigt. Carl Albrecht schreibt: „Die Präsenzerfassung ist das zentrale mystische Erkenntnisphänomen. In ihr geschieht das Ankommen des mystischen Erkenntnisgegenstandes unmittelbar und nicht über den Weg eines Zwischengliedes. Das unmittelbare Ankommen und das Fortfallen des Zwischengliedes der mystischen Gewirktheit verringern die Möglichkeiten des Irrens. In der Präsenzerfassung entfällt demgemäß jede Trugmöglichkeit, die in einer fehlerhaften Erfassung der Washeitselemente wurzeln könnte." Und indem er die Vision Teresas vom auferstandenen Christus zitiert, erläutert er das zweite Phänomen: „Das Licht ist ein ankommender Schaugehalt, es ist ein ‚Urlicht', dem das echte Merkmal des Umfassens nicht abgesprochen werden kann. Der Schauende ‚weiß' von diesem Wesensgehalt, denn er erlebt es so, als ob es ein aus fremder Sphäre herkommendes, schlechthin letztes unerkanntes Sein sei, auf dessen ganzheitliche Einheit alle vergangenen, gegenwärtigen und zukünftigen Erlebnisgehalte in unerkennbarer Weise Bezug haben." Daraus ergibt sich: „Die Lichtschau erschaut augenblicklich – darüber treffen alle Aussagen überein – nicht ein Sinnbild, sondern ein Erscheinungsbild des Umfassenden. Das bedeutet, daß an der Bildgestalt, die dem Phänomen Licht zugrundeliegt, überdies noch die Präsenz des Umfassenden haftet."

Teresa erfährt aber auch eine Vision entgegengesetzter Art, nämlich völlige Dunkelheit. Es ist die Höllenvision, die etwa im Jahre 1559 stattgefunden haben muß und entscheidend zu ihrem Entschluß der Ordensreform beitrug. Sie sah sich in völligem Dunkel und sagte in ihrer klaren Logik selbst: „Ich verstehe nicht, wie ich bei diesem völligen Mangel an Licht etwas sehen konnte, das mir soviel Schmerz verursachte.“ Sie sah sich in einer langen schmalen Röhre, die sie an einen Ofen erinnerte, und war eingezwängt in eine Nische, aus der sie sich nicht rühren konnte. Im Grunde gab es überhaupt keinen Raum, alles war bedrängend, alles erstickend. Es gab also ebensowenig Raum wie Licht.

Entscheidend ist dabei die innere Wahrnehmung: Alle Schmerzen dieser Erde sind noch eine Wohltat im Vergleich zu dem brennenden, unsagbaren Schmerz, den Teresa in ihrer Seele empfand. Die Reaktion auf diese Erfahrung, ihre Wirkung also, stellt sich schnell ein und wird von Teresa klar erkannt: „Daraus gewann ich das gewaltige Mitleid, das ich mit allen den vielen Seelen habe, die sich selbst verdammen, und den großen Drang (impetus), ihnen zu helfen, so daß ich meine, schon um eine einzige aus so furchtbaren Qualen zu befreien, würde ich gern tausend Tode sterben.“ Sie ist Gott dankbar, daß er ihr in seiner Barmherzigkeit die Gefahr gezeigt hat, die ihr im ewigen Leben droht und ihr zugleich die Möglichkeit gibt, im Verein von Bemühen und Gnade dem ewigen Schrecken zu entgehen. Aus Dankbarkeit, sagt sie, dachte sie darüber nach, was sie für Gott tun könne, „und ich dachte, das erste wäre, dem Rufe seiner Majestät, der mich in diesen Orden geholt hatte, so zu folgen, daß ich die Ordensregel in größtmöglicher Vollkommenheit lebte“. Und das gleiche gilt für die anderen Schwestern. Teresa erhält bald darauf hohen Besuch, der eine Rolle in ihrer visionären Erfahrung spielen soll. Der heilige Petrus von Alcántara kommt nach Avila, ein Briefwechsel war vorausgegangen, und er rät Teresa, das zu gründende Kloster auf, wie man sagte, Armut zu gründen – ein Vorschlag, der Teresa sehr entgegenkommt, weil es ihr ja darum geht, die Gelübde mit Vollkommenheit zu erfüllen. Petrus von Alcántara verkörperte für Teresa das asketische Ideal, das sie für ihren Orden suchte, verbunden mit einer sanften und anziehenden Menschlichkeit. Sein von ihr immer wieder empfohlener Traktat über das Gebet ist zwar, was wenig bekannt ist, nur die Zusammenfassung eines größeren Werks des Dominikaners Luis de Granada, aber schon durch sein Leben, sein Wesen und seinen guten Rat stand ihr der Franziskaner so nah, daß sie später nicht nur seinen Tod voraussah, sondern er ihr auch bei und nach seinem Sterben visionär erschien. Diese Erfahrung muß nicht, um mit Albrecht zu sprechen, eine mystische sein, findet sich aber sehr häufig bei den Heiligen und Mystikern, deren Sensibilität durch die innere Erfahrung aufs Äußerste entwickelt und erweitert wurde.

Teresa berichtet von dieser Erscheinung mit größter Selbstverständlichkeit, wie die Einfügung in das Ganze ihres langen Berichtes in der Autobiographie zeigt. Hier nur ein Ausschnitt: „Was Frauen betrifft, so hatte er sie all die vielen Jahre niemals angesehen. Mir sagte er, nun mache es nichts mehr aus, ob er etwas sähe oder nicht. Er war ja auch schon sehr alt, als ich ihn kennenlernte, und so spindeldürr, daß er aus nichts als Baumwurzeln zu bestehen schien. In all seiner Heiligkeit war er liebenswürdig, wenn auch wortkarg, außer, man stellte ihm Fragen. Dann beantwortete er sie auf ganz köstliche Art, denn er hatte einen anmutigen Geist. Als er starb, erschien er mir und sagte, er wolle nun ausruhen. Ich mochte das nicht glauben und sagte es auch zu einigen Personen. Aber nach acht Tagen kam die

Nachricht, daß er gestorben sei, oder richtiger gesagt, daß sein ewiges Leben begonnen hatte."

Es war auch gerade der heilige Petrus von Alcántara, der Teresa, die ihm von ihren Schwierigkeiten berichtete, Mut machte, indem er ihr versicherte, in den Visionen zeige sich ein guter Geist, mit anderen Worten, das Wirken Gottes. Doch gerade weil er selbst so starke mystische Erfahrungen machte, ließ sich Teresa nicht ganz von ihm beruhigen, was sich an der Tatsache zeigt, daß sie später Seelenführer suchte, die ihren Erfahrungen skeptisch gegenüberstanden. Die Selbstbeurteilung war für sie außerordentlich schwierig, da die Bilder und inneren Ansprachen, oder wie man auch sagt, Einsprachen, die sie erfuhr, nicht von ihrer persönlichen Antwort zu trennen sind, die Irrtumsmöglichkeiten in sich birgt.

Wie stark visionäre Erfahrung, das Ankommen eines Göttlichen und persönliche Auslegung untrennbar miteinander verzahnt sind, zeigt etwa der Bericht vom 9. Februar 1570. Christus erschien ihr im Innern, und als sie ihn anschaute, sah sie auf seinem Haupt eine strahlende Krone: „Da ich die Leidensstation der Dornenkrönung sehr verehre, begann ich an die großen Qualen zu denken, die er durch so viele Wunden erlitten haben mußte, und das schmerzte mich. Der Herr aber sagte mir, ich solle nicht die Wunden von einst bedauern, sondern die neuen, die man ihm heute schlage. Da fragte ich ihn, was ich dagegen tun könne, ich sei zu allem entschlossen." Es kommt also aus dem Mitgefühl Teresas heraus zu einem Gespräch, und Christus antwortet ihr, sie solle sich mit den Klostergründungen beeilen, denn, so schreibt sie wörtlich: „In den Seelen dieser Klöster finde er Erholung von seinen Leiden, und ich solle alle aufnehmen, die kommen würden, denn es gäbe viele, die keinen Ort finden könnten, um ihm zu dienen." Diese Rede Christi spielt also auf den brisanten Hintergrund an, daß Teresa im Gegensatz zu anderen Orden Neuchristen aufnahm. Christus gibt dann genaue Anweisungen für das Leben in den neuen Klöstern, und er fügt hinzu, Teresa solle über ihre Gründungen einen Bericht schreiben. Damit hat er etwas gesagt, was Teresa einerseits lieb und andererseits unlieb ist. Für das Leben in den Klöstern braucht sie die innere Sicherheit, dagegen wehrt sie sich gegen den Befehl, das schon begonnene Buch der Klostergründungen fortzusetzen. Sie hält Christus schlicht entgegen, „daß es von der Gründung in Medina nichts zu schreiben gäbe". Da antwortet ihr Christus: „Was willst du denn, diese Gründung war doch ein Wunder!" „Damit wollte er mir sagen", erläutert Teresa, „daß er allein der Gründer war. Denn obwohl kein Weg sich zeigte, ging alles voran. So entschloß ich mich denn zur Niederschrift" (6). Bis zur Ausführung dieses Entschlusses vergehen dann freilich noch Jahre. Als ihr 1573 der Jesuit Ripalda die Niederschrift der Gründungen wiederum befiehlt, fragt sie innerlich bei Gott noch einmal zurück. Die Antwort lautet: „Kind, der Gehorsam gibt Kraft!"

Die Vertrautheit mit Christus ist also so groß, daß Teresa ihm sogar zu widersprechen wagt, zugleich aber sieht sie sich durch seine Anordnungen in ihren Plänen bestärkt. Man könnte sagen: Gott verbindet sich dem Menschen gemäß dessen individueller Gegebenheit. Natürlich bleibt Raum für Zweifel, doch sieht Teresa die Wahrheit ihrer Visionen immer wieder verbürgt in der Hinführung zu einem positiven, für andere Menschen und die Kirche nützlichen Tun, wozu bestätigend die Übereinstimmung mit der Heiligen

Schrift kommt. Sogar Christus kümmert sich um die Heilige Schrift, wenn er ihr sagt: „Iß für mich und schlaf für mich, und was immer du tust, sei für mich, so, als lebtest gar nicht mehr du, sondern ich, wie es der heilige Paulus gesagt hat“ (42). Die Verbundenheit mit Christus erfüllt jeden Augenblick des Alltags. Der Auferstandene ist immer auch der Menschgewordene, aus der Verbindung inniger Freundschaft erwächst die Vertrautheit der „Verlobung“, ja, der „Vermählung“, wie Teresa die Aufnahme in die Unio mystica nennt. Sie verfügt für diese letzte Phase eines im Grunde unabschließbaren inneren Prozesses über ein festes Eintrittsdatum, den 18. November 1572, den Tag einer sie unsagbar erschütternden Vision: Christus überreicht ihr einen Nagel als Zeichen der Vermählung, als „Trauring“ also. Der Nagel ist Stigma, Teilhabe am Leiden, Einbezogensein in das Schicksal unbedingter sich schenkender Liebe. Und Christus sagt ihr, von nun an sei sie würdig, seine Gemahlin zu sein. „Von nun an“ bedeutet: vom Augenblick der heiligen Kommunion an, die mit einem Verzichtserlebnis verbunden war. Johannes vom Kreuz hatte die schon erwartete Hostie geteilt*, Teresa durchzuckt für einen Augenblick der Schmerz des scheinbaren Entzugs. Und schon stellt sich die Vision ein, auf den ersten Blick naive Kompensation. Bei genauerem Hinschauen jedoch die in diesem Augenblick vollzogene Überwindung der hindernden Ego-Reste, so daß Christus nun auf die künftige Untrennbarkeit der Verbindung hinweisen kann (25). Drei Jahre später setzt sich die Vision fort, findet noch einmal klarste Ausprägung: anstelle des Nagels erhält Teresa jetzt den symboli-

* Vgl. das Kapitel „Johannes vom Kreuz – Weg zur Mitte.“

schen Amethystring – Fundament des himmlischen Jerusalems und Zeichen der Nüchternheit und Demut. Dabei vernimmt sie die Worte: „So gebe ich dir alle Leiden und Schmerzen meines Lebens, mit diesem Geschenk kannst du meinen Vater bitten, als habest du selbst es errungen" (50). Das bedeutet Teilhabe an stellvertretender Erlösung, bedeutet Aufnahme in das Leben Christi, das folgerichtig zum Vater führt – in das Herz der Göttlichen Dreifaltigkeit. Ihr letzter Lebensabschnitt ist von Trinitätsvisionen geprägt, die überwiegend bildlos sind, „eingegossene Beschauung" im Sinne des Geschenks eines intuitiven Erfassens göttlicher Geheimnisse. Die Präsenz Gottes wird nicht ständig erfahren, aber gewußt und gelebt. Diese Präsenzerfahrung der Unio mystica, diese innere Ausrichtung, die sich in den alltäglichsten Situationen bewährt, trägt in sich den Stachel eines nie zur Ruhe kommenden Wunsches, Gott zu dienen und in der Liebe zu den Mitmenschen zu wirken. Diese Unruhe, das Kreuz der Unio mystica, hatte sich wiederum visionär vorbereitet: mit der Erfahrung der Herzdurchbohrung, die für Teresas Leben so wichtig wurde, daß sie im letzten Kapitel gesondert behandelt werden soll. Ein überstarkes Gefühl, das schon den Übergang zu Ekstasen bildet.

Solche Erfahrungen sind keine Randphänomene mystischer Existenz. Sie lenken vielmehr die innere Entwicklung, wie Teresa weiß, da sie sagt: „Daraus entsteht mehr Demut und größere Liebe im Dienste dieses so gewaltigen Herrn" (53). Der aber tröstet die manchmal Entmutigte: „Pecadorcilla, Yo no soy tu Dios?" – „Kleine Sünderin, bin ich nicht dein Gott?" (53)*

* Vgl. Koran Sura 7, „Bin ich nicht euer Herr?", A. Schimmel erkennt dieses Wort als Zentrum islamischer Mystik.

Gaben die Visionen dem Wege Richtung und Ziel, so markieren die Ekstasen gleichsam die zurückgelegte Strecke. Teresa sieht in ihnen das Zeichen der „mystischen Verlobung“. Später, als sie ganz in und aus Jesus Christus lebt, bedarf sie der Ekstasen nicht mehr, und sie bleiben aus. Bis dahin aber sind sie der stärkste Motor innerer Wandlung, denn unverhüllter als in den Visionen wird in den Ekstasen die Macht und Gegenwart Gottes erlebt.

Dieses Erleben ist beglückend und schmerzhaft zugleich, beides in kaum erträglichem Maße. Beglükkend, weil der liebende Gott die Liebesfähigkeit des Menschen in jeder Begegnung steigert, weit über die natürlichen Möglichkeiten hinaus. Schmerzhaft, weil die Erfahrung nur von kurzer Dauer ist und dem Beschenkten seine Unzulänglichkeit und Gottesferne hinterher um so bewußter wird. Teresa lebt jahrelang nur von Ekstase zu Ekstase, alles andere ist ihr Schmerz, Kreuz, vertanes Leben.

Sie verwendet in der „Inneren Burg“ zur Beschreibung dieses Zustandes das Gleichnis des Schmetterlings, das nicht, wie es auf den ersten Blick scheinen mag, endgültige Verwandlung und Befreiung bedeutet. Gewiß spinnt sich im beharrlichen Gebet die „Raupe“ ein, verpuppt sich, bis ein schöner weißer Schmetterling ausschlüpft, flatternd und schwebend im Himmelslicht. Doch Teresa fragt: „Wohin soll er fliehen, der arme Kleine? Er weiß nicht, wo er sich niederlassen soll, denn er ist so von Gott ergriffen, daß nichts auf Erden ihn mehr befriedigt, besonders, wenn Gott ihm oft seinen Nektar zu trinken gibt. Der kleine Schmetterling fühlt sich also fremd hier auf Erden. O mein

Gott, welche Leiden beginnen nun für die Seele! Wer hätte das gedacht nach so hohen Gnaden! Kurz, es zeigt sich, daß wir unser Kreuz zu tragen haben, so lange wir leben. Und wer meint, er lebe nach diesen Gnaden der Vereinigung immer noch in Heiterkeit und Ruhe, dem sage ich, daß er sie überhaupt noch nicht erfahren hat." Dieser weiße Schmetterling wird noch im Feuer der schmerzhaften Liebe verbrennen, die Wandlung des Phönix aus der Asche klingt als neues Symbol an: „So hat denn schließlich der kleine Schmetterling seine Ruhe gefunden und ist voll innigster Freude gestorben, weil Christus in ihm lebt."

Die „Gnaden der Vereinigung" sind für Teresa Ekstasen, die sie als „Überwältigung durch die Liebe" erlebt (54). Damit spricht sie etwas aus, was die moderne Psychologie – Carl Albrecht – als Wesen der mystischen Ekstase erkennt. Es handelt sich um eine „Überwältigung, Überflutung" durch das „Ankommende", das christlich gesehen als personal Ankommendes nur ein wissenschaftliches Wort für Gott ist. „Der Bewußtseinsraum ist ausgefüllt durch eine einzige Weise des Erlebens, durch den ‚Überschwang' eines Zumuteseins, sei es, daß dieses rein fühlende Erleben die Qualität der Seligkeit, der ‚Wonne des Einsseins' oder auch des alles erfüllenden Schmerzes oder wiederum anders eine Qualität ewiger Ruhe hat." Dabei ist das Entscheidende, daß dieses erfüllende, beherrschende Zumutesein die Subjekt-Objektspaltung aufhebt; das heißt, in der Ekstase wird Gott nicht mehr als ein Gegenüber empfunden, weil die überwältigende Liebe das „Ich" an den Rand des Bewußtseins drängt. Es kann noch schauen, das Geheimnis in unsagbarer Weise erkennen, aber es erfährt sich ganz als Liebe (und Schmerz und Ruhe), die zugleich Gottes Liebe ist.

Albrecht wahrt vor dem innersten Geschehen der Ekstase die Ehrfurcht, es ist der Psychologie nicht zugänglich. Aber er betont die Wesentlichkeit der Erfahrung für die menschliche Entwicklung, die innere Biographie:

„In der Ekstase geschehen Erlebnisabläufe und werden Gehalte des Fühlens bewußt, die wegen ihrer Eindringlichkeit zentraler Wirkungskern für alle Zukunft bleiben. Vom Standpunkt der Versunkenheit her können wir begreifen, daß der Verlust des Ichbewußtseins, das Überwältigtwerden durch das ankommende Du und die Entflammung in einem sonst nie gekannten Gefühl der Liebe als die höchstrangige Erlebnisform vom Erlebenden gewertet wird, und daß der Gehalt dieser ‚Einigung' unverlierbarer und immer wirksamer Bewußtseinsbesitz bleibt."

Teresas Ekstasenberichte aus Cuenta 54 sind ein unschätzbares Dokument. Dabei ist zu beachten, was Jerónimo Gracián, der sie so gut kannte, zu ihrer Terminologie sagte: „Was die Benennungen und die Wortwahl angeht, so ist es unwichtig, ob sie diese oder andere Ausdrücke wählt, denn sie erklärt ihren Gedanken gut und absolut verständlich. Recht betrachtet, das heißt so verstanden, wie sie verstanden sein wollen, sind die gewählten Termini immer richtig. Es ist wie bei einer Fürstin, die ein kostbares Schmuckstück besitzt, sagen wir ein Halsband aus Rubinen, mit Perlen und Diamanten besetzt. Sie erhielt es von ihrem Mann zur Eheschließung, und sie trägt diesen ihren kostbarsten Schmuck stets, wenn sie zu Hochzeiten geladen ist. Wenn sie nun ihre Kammerfrau bittet, es ihr zu geben, so sind alle Worte, mit denen sie das tut, richtig, möge sie nun sagen, gebt mir den kostbaren Schmuck, oder gebt mir das Hochzeitshalsband, oder gebt mir das Geschenk meines Mannes, oder gebt mir die feinen Edelsteine – jede Benennung ist entsprechend der Perspektive richtig. Ebenso ist es mit geistigen Dingen. Nehmen wir zum Beispiel eine Ekstase: sofern sich in ihr unser Wille dem Willen Gottes eint, nennt sie sich Unio; sofern sie die Seelenvermögen außer Kraft setzt und erhebt, nennt sie sich Geistesflug; sofern sie höchste Gotteserkenntnis ist, nennt sie sich mystische Theologie, und so fort. Alle diese Benennungen sind richtig und sagen etwas über den Geist aus, wie ich noch erklären will. Denn so wie Gott keinen Namen hat, der ihn als Ganzen erfaßt, hat er doch viele, die etwas von seinen Vorzüglichkeiten aussagen, und alle sind richtig, möge man nun sagen allmächtig, ewig usw. oder bildlich reden von Stein, Löwe, Lamm usw. So haben auch die inneren Erfahrungen der Seele keine Bezeichnung, die sie ganz erfaßt und erklärt, andererseits besagen die Termini, mögen sie nun direkt oder übertragen sein, immer etwas Richtiges. So können wir die Unio Gotteinung nennen oder Nachfolge Christi, Zugehörigkeit, geistliche Ehe, Verwandlung in Gott, und so fort. Und wer die Bücher der Mutter Teresa aufmerksam liest, wird finden, daß sie über diese inneren Erfahrungen kein Wort sagt, das nicht mit der Heiligen Schrift übereinstimmt oder das sich nicht in den Werken der Heiligen und der anerkannten Autoritäten fände."

Tatsächlich hat Teresa ein solches Gespür für alles innere Geschehen, daß ihre Beschreibung die oft schwierige Terminologie unmittelbar verständlich macht. Impetus (Außersichsein) etwa ist „eine Qual, die ich nicht herbeirief, so innig, daß die Seele sie nicht mehr missen möchte, so lange sie lebt. Sie wird verursacht von der Sehnsucht, dieses Leben zu verlassen und dabei doch zu wissen, daß man unausweichlich leben muß, obwohl nur der Tod uns zu Gott führt" (1). Teresa gibt in ihren Berichten dem Impetus besonders breiten Raum – vermutlich kam die Todessehnsucht ihrer leicht depressiven Veranlagung entgegen. Aber wenn es gar zu unerträglich wird, „hilft Gott mit einer Ekstase (arrobamiento), in der sich die Seele beruhigt und sänftigt. Alles endet dann in innerer Beglükkung" (1).

Solche Ekstase ist die Grunderfahrung. Da Teresa fürchtet, mit dem Wort „Ekstase" zu erschrecken, wählt sie auch gern das Wort „Aufhebung" (suspensión), weil der Gebrauch der Sinne und Seelenvermögen (Verstand, Wille, Gedächtnis) aufgehoben ist. Teresa beschreibt: „Man kann weder sprechen noch die Augen öffnen, die natürliche Wärme der Glieder schwindet, ich weiß nicht, wohin. Hält die Ekstase lange an, ist sie, wie man sagt, groß, so werden die Hände kalt, manchmal stocksteif. Auch der Körper bleibt starr in seiner Haltung, möge man nun stehen oder knien. Die Seele ist so ganz der Glückseligkeit hingegeben, die der Herr ihr schenkt, daß sie gewissermaßen vergißt, den Körper zu beleben." Es gibt aber noch eine weitere Steigerung: „In einem völligen Hingerissensein (rapto) werden ihr Geheimnisse seiner Majestät entdeckt." Der Impetus dagegen läßt einen völlig zerschlagenen Körper mit schmerzenden Gliedern zurück, doch werden während seiner Dauer – meist etwa eine halbe Stunde – die Schmerzen nicht gespürt. Im Unterschied zur Ekstase ist der Mensch jedoch dabei ganz bei Sinnen, er kann sehen und sprechen (54).

Ganz entscheidend sind die *Wirkungen* aller Arten der Ekstase. Sie lösen den mit ihr Beschenkten allmählich aus hindernden Verhaftungen, so daß sich der innere Fortschritt am „Entwerden“ bemißt. Teresa schreibt: „Davon bleiben in der Seele große Wirkungen zurück, sie bringen eine Selbstvergessenheit, die nur noch den großen Gott und Herrn gekannt und gepriesen sehen möchte. Ich meine, wenn diese Ekstasen von Gott kommen, so kann die Seele nicht ohne tiefe Erkenntnis ihrer Ohnmacht, ihres Elends und ihrer Undankbarkeit bleiben, da sie dem nicht genügend diente, der ihr so große Gnaden erweist. Denn das Übermaß der Gefühlserfahrung ist von einer Süße, der nichts Irdisches vergleichbar ist. Würde die Erinnerung nicht langsam verblassen, so könnte die Seele hier nichts mehr freuen. Auf jeden Fall aber hat sie gelernt, sich nicht mehr an Weltliches zu verlieren“ (54).

Von der Ekstase unterscheidet Teresa die Entrückung (arrebatamiento), wie sie etwa dem Paulus widerfuhr. Während in der Ekstase die Seele allmählich der Außenwelt abstirbt und einzig in Gott lebt, hat sie in der Entrückung den Eindruck, als werde sie „heftig emporgerissen und verlasse den Körper“ (54). Es braucht Mut, sich so dem Herrn zu überlassen, es kommt der Bereitschaft gleich, für ihn zu sterben. Dadurch werden die guten inneren Möglichkeiten gestärkt, „denn die Seele muß sich mehr loslassen, und sie begreift in Furcht und Liebe die Macht dieses gewaltigen Gottes, der sie, ob sie es will oder nicht, als ihr Herr und Herrscher entrückt. Sie empfindet Reue und Schrecken, eine so große Majestät jemals beleidigt zu haben, und wünscht nur noch, daß alle Gott preisen und niemand ihn mehr kränke. Ja, ich denke, aus solchen Erfahrungen erwächst die große Sorge um das Heil der Seelen, zu dem man beitragen möchte, auf daß dieser Gott verherrlicht werde, wie es ihm entspricht“ (54).

Es gibt aber noch eine feinere, innerlichere Art der Entrückung, die „Geistesflug“ genannt wird. Teresa erläutert: „Geistesflug – ich weiß nicht, wie ich es sonst nennen soll – erhebt sich aus dem Innersten der Seele“, in der ein „gut mit Nahrung versehenes starkes Feuer“ zu wirken scheint: „Aus dem Brand schießt eine Flamme in die Höhe, die durch ihr Emporschnellen nicht aufhört, Feuer zu sein. So geht es auch mit der Seele: aus ihr erhebt sich mit großer Schnelligkeit etwas ganz Zartes, es steigt in ihren höchsten Teil und begibt sich, wohin der Herr will – es läßt sich nicht anders erklären. Und es gleicht einem Flug, ich kenne kein anderes Bild. Aber ich weiß, daß man es sehr deutlich wahrnimmt und daß man es nicht hindern kann. Es ist, als entfliehe der kleine Geistesvogel dem Elend dieses Fleisches und dem Kerker des Leibes, um sich einzig dem zu widmen, was der Herr ihm gibt“ (54).

Der Vergleich des Feuers zu Beginn zeigt die Voraussetzung dieser Erfahrung: Gottesliebe. Und das Ziel ist, wie bei allen mystischen Ekstasen, die Gotteserfahrung oder kurze Einung, die viele Weisen hat. Der Flug ist einerseits Flucht – aus dem Elend des Fleisches, also aus den Bedingungen der Sündhaftigkeit und Begrenzung – und das Hinstreben zu einem „Ort“, den der Herr bestimmt. Der Religionswissenschaftler Mircea Eliade unterscheidet den mystischen Flug vom magischen. Der magische ist Flucht, bleibt horizontal im natürlichen Bereich. Der mystische aber ist vertikaler Art, er meint eine innere seinshafte Wandlung, die sich in der Aufhebung der Ichschwere (= Flug) ausdrückt. Der Mensch bricht in die Freiheit der Transzendenz durch und gelangt so zum unmittelbaren Verstehen metaphysischer Wahrheiten. Teresa berichtet, daß ihr in einer Entrückung die Seele gleichsam aus dem Leibe gerissen wurde und sie dabei innerlich den Sohn Gottes in seiner ganzen Majestät schaute. Diese Erfahrung ist, so sagt sie, eine Läuterung, eine gewaltige Flamme (wieder der Feuervergleich!), die alle egoistischen Wünsche (deseos de la vida) verbrennt und vernichtet: alle Eitelkeit, alles Haften an Scheinwerten. Zurück bleibt das Wissen um die überwältigende Größe und Majestät des Sohnes in der Heiligen Dreifaltigkeit.

Besondere Schwierigkeiten macht uns Heutigen die Erfahrung der körperlichen Levitation, von der doch so viele Heilige berichten. Teresa hütet sich, sie in dem an die Inquisition gerichteten Bericht zu erwähnen, spricht aber in der Autobiographie noch ganz unbefangen davon. Sie differenziert hier die Benennungen noch nicht so klar wie später. Aber auch in der „Inneren Burg" bringt sie die Levitation sowohl mit dem Geistesflug wie mit der „normalen" Ekstase (arrobamiento) zusammen. Erforderte schon der Geistesflug viel Mut, so sagt sie von der Levitation: „Meint ihr, es sei ein geringer Schrecken, wenn eine ganz vernünftige und ihrer Sinne mächtige Person spürt, wie ihr die Seele nach oben gerissen wird und, wie ich las, manchmal auch ihr Körper?" Sie sagt „wie ich las", um von dem Sensationellen der Eigenerfahrung abzulenken. Doch alle, die ihre Autobiographie kannten, wußten Bescheid, denn im 20. Kapitel steht zu lesen: „Manchmal schien mir der Körper ganz leicht zu werden, als habe er seine Schwerkraft verloren. Einige Male wurde das so stark, daß ich Mühe hatte, die Füße noch auf den Boden zu bekommen." Daß diese Levitationen mehrmals in der Öffentlichkeit erfolgten, war ihr wegen des Aufsehens große Qual. Sie werden sogar von so skeptischen Geistern berichtet wie Domingo Báñez

O P – die Unbeschuhte Karmelitin Isabel de la Cruz (Jimena) gab es in den Akten zur Seligsprechung zu Protokoll: „Der Pater Magister Fray Domingo Báñez sagte anläßlich der Trauerfeier zu Ehren der Mutter Teresa in seiner Predigt vor einem illustren und kompetenten Publikum (in Salamanca), daß einmal, als sie die heilige Kommunion empfangen hatte, ihr Körper sich vom Boden zu heben begann. Sie klammerte sich an das Chorgitter und sprach zu unserem Herrn: ‚Wie wenig dieses auch zu bedeuten hat, laß doch bitte nicht zu, daß man eine sündige Frau für gut halte!'" Teresa bezog sich mit diesem Wort auf die öffentliche Meinung, der solche Phänomene als Zeichen der Heiligkeit galten – sofern man sie nicht dem Teufel zuschreiben konnte.

Daß Teresa solche spektakulären Demonstrationen nicht nur unangenehm waren, zeigt eine aufschlußreiche Vision aus dem neunten Bericht. Christus sagt ihr bezüglich der Ekstasen in der Öffentlichkeit: „Es ist jetzt nicht mehr nötig. Du hast genug Glaubwürdigkeit erreicht für das, was ich beabsichtige. Nehmen wir nun Rücksicht auf die Schwäche der Bösen." Es handelte sich für Teresas innerstes Empfinden bei diesen Erscheinungen also doch um eine Art Public Relation für Gottes Ziele.

Für sie sind alle visionären und ekstatischen Erfahrungen in die von Gott gegebenen Gebetsarten einzureihen, in das „übernatürliche" Beten, das mit dem Gebet der Ruhe beginnt. Sie betont: „Gottlob war ich nie neugierig auf diese Dinge, noch liegt mir daran, mehr davon zu erfahren. Das alles war für mich nicht eben einfach, und ich habe, wie ich schon sagte, solche Erfahrungen nicht gesucht. Aber ich denke, daß sich der Herr dieser Mittel zu meinem Seelenheil bediente, da er meine armselige Schlechtigkeit kannte. Denn die Guten bedürfen solcher Hilfen nicht, um seiner Majestät zu dienen" (54).

Die depressive Grundveranlagung kommt auch jetzt noch zum Vorschein. Sie ist in der Persönlichkeitsstruktur mit ungewöhnlicher Liebesfähigkeit gekoppelt. Aus Teresas Sicht muß folglich das Seltenerwerden, ja, Aufhören der Ekstasen mit den aus ihnen resultierenden Wirkungen, mit der inneren „Besserung" zusammenhängen. Ich wage aus heutiger Sicht noch eine tiefere Erklärung: Es gibt keinen Anlaß mehr zu Ekstasen, weil Gott endgültig „angekommen" ist. Sein ruhiges Verweilen im innersten Zentrum wird nicht mehr als Einbruch eines Fremden, von außen Kommenden erfahren. Das „Fascinosum et Tremendum" des Heiligen ist aufgefangen und aufgehoben in der Liebe, in der Gott und Mensch ununterscheidbar geworden sind:

„Mein Geliebter ist mein und ich bin sein: Wer vermöchte zwei so flammende Feuer zu trennen oder zu löschen? Vergeblich wäre das Bemühen, denn beide sind eins geworden".

Magister Avilas Brief

Die Visionen und Ekstasen beunruhigen ihre Mitwelt. Immer wieder muß Teresa erklären, sich rechtfertigen. Bald ist sie „des Redens müde" (53). Eine Begegnung mit dem Inquisitor Francisco de Soto y Salazar etwa um die Jahreswende 1563/64 wird ihr zum willkommenen Anlaß, dem Schicksal in den Rachen zu greifen. Sie sagt ihm wörtlich, so berichtet Pater Gracián:

„Herr, ich mache durch die Art meines Gebets

manchmal ungewöhnliche geistliche Erfahrungen wie Ekstasen, Entrückungen, innere Ansprachen. Ich möchte aber sichergehen, daß mich der Teufel nicht betrügt. Darum gebe ich mich in die Hände der Heiligen Inquisition, damit sie meine Seelenverfassung und meine Gebetsweise überprüfe. Ich werde mich jeder Anweisung unterwerfen."

Darauf antwortete der Inquisitor: „Gnädige Frau, die Inquisition überprüft weder die Seelenverfassung noch die Gebetsweise, sondern sie hat die Aufgabe, Häretiker zu bestrafen. Schreiben Sie doch alles, was sich in Ihrem Innern abspielt, ganz offen und ehrlich auf, und senden Sie es an den Pater Magister Juan de Avila, der ein hochgebildeter und in Gebetsdingen erfahrener Mann ist. Auf seine Antwort können Sie absolut vertrauen."

Teresa macht sich nun an die definitive, uns bekannte Redaktion ihres Buches, die sie 1565 abschließt, um beträchtliche spirituelle und praktische Berichte bereichert. Ihr Verhältnis zu dem Inquisitor muß ein gutes gewesen sein, denn im 40. Kapitel erzählt sie, freilich ohne Namensnennung (die später Gracián im Manuskript ergänzt), es habe sie jemand gebeten, Gott zu fragen, ob er ein Bischofsamt annehmen solle. Teresa fragt an und erhält die Antwort: „Ja, er kann das Amt übernehmen, wenn er in aller Wahrheit und Klarheit versteht, daß die rechte Besitznahme in Besitzlosigkeit besteht." Teresa fügt hinzu: „So gab Gott zu verstehen, daß hohe geistliche Ämter nur der innehaben darf, der nicht danach strebt oder gar versucht, sie sich zu beschaffen." Offenbar entsprach der Inquisitor Soto y Salazar diesen ethischen Anforderungen, denn er wurde Bischof von Salamanca, ein Amt von besonderem Ansehen durch die Verbindung zur traditionsreichen Universität.

Die fertige Autobiographie wird aber nicht sofort an den Magister Juan de Avila, für den sie nun geschrieben war, abgesandt. Die Autorin hält Ausschau nach einem zuverlässigen Boten, denn der Adressat wohnt beim fernen Córdoba. Zudem fürchtet sie den Unwillen ihres neuen Beichtvaters Domingo Báñez, der jede Verbreitung der explosiven Schrift vermeiden möchte. Er hatte sich gegen den Plan geäußert.

Als Teresas Freundin Luisa de la Cerda sich zu einer Kur nach Andalusien begibt, vertraut sie ihr das Manuskript mit der Bitte an, es so schnell wie möglich dem erfahrenen Ratgeber überbringen zu lassen. Doña Luisa aber läßt sich Zeit oder findet keinen geeigneten Boten. Teresas Briefe werden immer drängender: Wann, wann, um Himmels willen, warum noch nicht?! (zwischen 18. Mai und 23. Juni 1568). Zumal Magister Avila bereits informiert ist und Interesse signalisierte. Die Furcht, Báñez „könnte mich bei dem Diebstahl ertappen", ist kaum noch erträglich, als auch nach der Übergabe des corpus delicti Zeit gewährt werden muß. Aber endlich, am 31. Oktober 1568, trifft der ersehnte Brief vom 12. September bei Teresa ein. Sie schreibt es zwei Tage später der Freundin, bedankt sich für die gute Vermittlung, deren Resultat sie nun „die Wut vergessen läßt", in die sie durch die Verzögerungen immer wieder geriet. Sie fühlt sich sehr bestätigt. „Er sagt nur, ich müsse einige Stellen erklären und Wörter austauschen, was ja einfach ist." Magister Avila sagt erheblich mehr, doch tut er es mit Vorsicht und Güte.

Juan de Avila wurde um 1500 bei Toledo geboren, wie Teresa als Kind eines Converso und einer adeligen Christin. Also ein Leben im Schatten der Inquisition. Zunächst studiert er Jura, wechselt dann unter dem Eindruck einer religiösen Erschütterung zur Theologie über. Er fühlt sich zunächst zum Mönchstum hingezogen, sieht aber das Hindernis seiner Abkunft, kennt auch seine dynamisch-praktische Begabung und will als Missionar nach Amerika. Als er in Sevilla auf seine Einschiffung wartet, macht er die Bekanntschaft des dortigen Bischofs. Dieser erkennt die ungewöhnliche Rednergabe des jungen Priesters und möchte ihn für die Volksmission in Andalusien einsetzen.

Bald muß er seine Predigten aus den Kirchen auf öffentliche Plätze verlegen, so gewaltig ist der Zustrom der Interessenten. Bis zu 500 Menschen drängen sich auf einmal zur Beichte. Aber das öffentliche Wirken bringt auch Neid und Gelegenheit zu entstellender Berichterstattung an die Inquisition, die ein offenes Ohr hat. Die Befragungen laufen von 1531 bis 1533, lange Zeit sitzt er in Untersuchungshaft. Zu den 22 Anklagepunkten gehören seine angebliche Verteidigung wundersüchtiger Frauen sowie die Feststellung, die Opfer der Inquisition seien als Märtyrer zu betrachten! Ruhig und klar berichtigt Avila – dieses ist sein jüdischer Familienname – alle Punkte: Er hält nichts von den Gnadenberichten leichtgläubiger Frauen, aber in Anbetracht des Wunders, daß Christus täglich in der Hostie aus den Händen eines Priesters hervorgeht, dürfe Gottes Güte nicht unterschätzt werden. Und was die Märtyrer der Inquisition betrifft, so waren jene gemeint, die Christus nicht verleugneten, sondern sich auf ihre Weise zu ihm bekannten, etwa indem sie ihren Peinigern vergaben, was keine geringe Läuterung bedeutete, so daß sie sofort selig werden konnten. Juan wagte es auch, die Richter zu fragen, ob man den konvertierten Juden und Mauren bei der Überprüfung nicht eine Verachtung gezeigt habe, die ihnen die Umkehr psychologisch unmöglich mache. Der Prozeß war lang, aber am Ende wurde Avila freigesprochen und rehabilitiert*.

Er mußte also für Teresas Nöte größtes Verständnis haben. Auch sonst waren beide einander innerlich verwandt, etwa in der Vorliebe für den Apostel Paulus mit seiner Aktivität auf kontemplativer Basis, oder in der Auseinandersetzung mit Krankheit und Schmerz, gegen die sich der Wille zum Apostolat immer neu durchsetzen muß. Wie stark Teresa wirklich von dem Brief des Magisters Avila beeindruckt war, zeigt der Rückgriff auf seine Argumente in den Berichten an die Inquisition im Jahre 1576. Darum wechseln im folgenden die wesentlichen Abschnitte des Briefes mit Auszügen aus den genannten Cuentas.

Der berühmte Seelenführer Avila schreibt: Die Gnade und der Friede Jesu Christi seien allezeit mit Ihnen. Als ich mich bereitfand, das mir zugesandte Buch zu lesen, geschah das eigentlich nicht, weil ich mich zu einem Urteil über seinen Inhalt berechtigt fühlte, als vielmehr, weil ich mit Gottes Hilfe aus ihm zu lernen hoffte. Und wenn ich auch noch nicht die notwendige Zeit für eine besinnliche Lektüre fand, tröstet mich doch, Christus sei Dank, die Überzeugung, daß ich daraus Erbauung gewinnen kann, sobald ich ihrer bedarf. Gäbe ich mich allerdings hiermit zufrieden, würde ich die Ehrerbietung schuldig bleiben, die mir Auftrag und Auftraggeber abverlangen. Ich will also versuchen, wenigstens im großen und ganzen meinen Eindruck wiederzugeben.

Das Buch gehört nicht in die Hände eines allgemeinen Publikums, und teilweise muß noch an den Worten gefeilt werden; anderes wäre zu erläutern. Weiteres

* 1894 wird er durch Leo XIII. seliggesprochen.

kann Ihnen selbst geistigen Nutzen bringen, wäre aber nicht gut für Nachahmer. Denn die persönliche Führung Gottes gilt nicht für andere.

Die Gebetslehre ist überwiegend gut, Sie können ihr vertrauen und sich von ihr leiten lassen. Und die Entrückungen (raptos) haben alle Zeichen der Echtheit.

Die Methode, mit der (nach Ihrer Darstellung) Gott die Seele bildlos und ohne innere und äußere Ansprachen lehrt, ist absolut sicher; ich finde hier nichts auszusetzen, und auch der heilige Augustinus spricht gut von ihr.

(Teresa): *Nie erschien etwas, wie schon gesagt, vor ihren leiblichen Augen, sondern alles war so fein und geistig, daß sie, wenn es begann, manchmal dachte, es handele sich nur um Phantasien. Andere Male konnte sie das nicht meinen. Auch vernahm sie nie – zwei Male ausgenommen – etwas mit leiblichen Ohren. Und da verstand sie weder, was gesagt wurde, noch wer es sagte (53).*

Die inneren und äußeren Ansprachen haben schon manchen unserer Zeitgenossen getäuscht; die äußeren gefährden am meisten. Man hat schon viele Regeln aufgestellt, um zu erkennen, ob sie vom Herrn kommen. Eine dieser Regeln gibt an, daß sie nur in Zeiten der Not und als Hilfe gegeben werden, so etwa, um den versuchten und verzagenden Menschen zu stärken oder um vor einer Gefahr zu warnen und dergleichen mehr. Denn wie schon ein wertvoller Mensch nichts Unwesentliches daherspricht, so noch viel weniger Gott. Hieran geprüft und an der Tatsache, daß die Ansprachen immer mit der Heiligen Schrift und der Lehre der Kirche übereinstimmen, scheint mir, daß die in Ihrem Buche angeführten immer oder doch überwiegend von Gott stammen.

(Teresa): *Diese Dinge ereigneten sich nicht laufend,*

sondern nur in gewissen Notlagen, wie z. B. einmal, als sie tagelang unerträglich litt, unruhig und furchtgequält, ob der Teufel sie betrüge – wie sie das ausführlich in jenem Bericht (der Autobiographie) beschrieben hat. Hinzu kam, daß ihre Sünden ebenso ins öffentliche Gespräch gerieten wie diese anderen Dinge, denn die Furcht ließ sie ihr Ansehen vergessen. Und als sie so ganz unbeschreiblich in Kummer und Sorge war, vernahm sie die inneren Worte: „Fürchte dich nicht, Ich bin es"; und ihre Seele wurde so ruhig und muterfüllt und zuversichtlich, daß es ihr unbegreiflich schien, wie ihr ein solches Gut zukommen konnte. Denn kein Beichtvater hatte das vermocht, und es vermochten auch nicht die vielen Reden vieler Gelehrter, daß ein solcher Friede und eine solche Ruhe sie erfüllten, wie sie nun unversehens über sie gekommen waren. In ähnlicher Weise wurde sie mehrfach durch Visionen gestärkt (53).

Bildhafte Visionen, in denen sich äußere Dinge darstellen, sind die zweifelhaftesten, man darf sie sich niemals wünschen. Wenn aber alles getan wurde und die Visionen dennoch andauern und die Seele sich durch sie gefördert sieht, wenn sie nicht Eitelkeit mit sich bringen, sondern zu tiefer Demut führen, und wenn sie zudem aussagen, was auch Lehre der Kirche ist – wenn dieses alles lang anhält und einen inneren Frieden mit sich bringt, der sich besser empfinden als ausdrücken läßt: dann gibt es keinen Grund, diese Visionen zu fliehen.

(Teresa): *Allerdings war eine ganz deutliche Besserung festzustellen in allem, was den Dienst Gottes betraf, auch waren an ihr keinerlei Ehrsucht und Überheblichkeit zu bemerken. Im Gegenteil, es war ihr schrecklich, wenn man von diesen ungewöhnlichen Dingen wußte, und es fiel ihr leichter, über ihre Sünden zu sprechen. – Wenn sie dem*

Herrn irgendwie nützlich sein kann, wenn er ihr Gnaden erweist, so haftet das, auch wenn sie der Gnaden oft gedenkt, nicht lange in ihrem Gedächtnis, da es vom Gedenken ihrer Sünden verdrängt wird, die sie quälen wie ein übelriechender Schlamm. Ihre vielen Sünden und der geringe Dienst an Gott bewahren sie wohl vor der Versuchung des Dünkels. Immer und je ließ und läßt sie sich von allem leiten, was den christlichen Glauben ausmacht (53).

Allerdings darf in solchen Dingen niemand dem eigenen Urteil trauen, sondern muß sie mit jemandem besprechen, der Licht hineinbringen kann. Das ist das Allheilmittel für derartige Fälle. Und zu Gott hoffen, daß, wenn man die Demut aufbrachte, sich fremdem Urteil zu unterwerfen, er den vor Täuschung bewahrt, der auch in Gottes Interesse das Rechte treffen sollte.

(Teresa): *Nie tat sie etwas, nur weil sie es im Gebet vernommen hatte. Eher, wenn ihre Beichtväter das Gegenteil verlangten, handelte sie dementsprechend, und stets teilte sie alles mit. Nie war sie so sicher, daß Gott in ihr wirkte, wie oft man ihr das auch bestätigte, daß sie es beschworen hätte, auch wenn die Wirkungen und großen Gnaden, die sie erfuhr, ihrer Meinung nach gewisse Hinweise auf einen guten Geist enthielten. Immer jedoch wünschte sie sich Tugenden, und in diesem Sinne lenkte sie auch ihre Nonnen, denen sie sagte, die demütigste und selbstloseste sei auch die innerlich fortgeschrittenste. – Sobald ihre Seelenführer – Beichtväter und Obere – ihr sagen, womit sie Gott noch besser dienen könne, setzt sie es sogleich ins Werk, denn sie vertraut darauf, daß der Herr denen hilft, die ihm entschlossen dienen und ihn verherrlichen wollen (53).*

Niemand möge erschrecken und vorschnell urteilen, wenn er sieht, daß so ungewöhnliche Dinge jemandem zuteil werden, der nicht vollkommen ist. Denn es ist der Güte des Herrn nicht neu, aus Sündern Gerechte zu machen, selbst bei sehr schweren Sünden, indem er ihnen höchst beglückende Erfahrungen mitteilt, wie ich oft gesehen habe. Wer setzt der Güte des Herrn Grenzen? Zumal diese Erfahrungen weder für Verdienste geschenkt werden, noch weil jemand stärker ist als andere, eher, weil er schwächer ist. Und da sie nicht heilig machen, werden sie auch nicht immer den Heiligsten gegeben.

(Teresa): *Das alles war für mich nicht eben einfach, und ich habe, wie ich schon sagte, solche Erfahrungen nicht gesucht. Aber ich denke, daß sich der Herr dieser Mittel zu meinem Seelenheil bediente, da er meine armselige Schlechtigkeit kannte. Denn die Guten bedürfen solcher Hilfen nicht, um seiner Majestät zu dienen (54).*

Die aber diesen Dingen keinen Glauben schenken, nur weil sie sehr hoch sind, haben Unrecht, auch wenn es unglaublich scheint, daß eine unendliche Majestät sich in einer Liebesbezeugung zur Kreatur herabneigt. Steht doch geschrieben, daß Gott Liebe ist, und ist er Liebe, so ist sie wie seine Gutheit unendlich. Bei einer solchen Liebe und Gutheit ist der Überschwang des Liebens nicht verwunderlich, doch wird er mißverstanden von jenen, die ihn nicht kennen. Oder wenn auch viele durch den Glauben davon wissen sollten, ist doch schwer zu verstehen, wie weit eine solche Mitteilung gehen kann, so lange die ganz persönliche Erfahrung des liebevollen und mehr als liebevollen Umgangs Gottes mit dem, den er sich erwählte, fehlt.

(Teresa): *Von Zeit zu Zeit aber läßt ihr Gott eine Botschaft von sich zukommen, das ist so ungewöhnlich, daß es sich nicht ausdrücken läßt. Dadurch erkennt die Seele immer wieder, was ihr fehlt. Sie (die Botschaft) läßt den Körper völlig zerschlagen zurück, die Seele spürt davon aber nichts, obwohl sie ganz bei Sinnen ist und sehen und sprechen kann. Allerdings vermöchte man nicht zu gehen, so groß ist die Überwältigung durch die Liebe. Diese Erfahrung ist ein Geschenk Gottes, man vermöchte sie aus Eigenem nicht zu erreichen, auch wenn man vor Sehnsucht danach vergeht. Sie hinterläßt in der Seele Wirkungen von großem Gewinn, die von Gelehrten bald so, bald anders erwähnt werden. Magister Avila schrieb mir, sie seien gut, und alle sagen das gleiche (54).*

Die Erfahrungen waren gut für Ihre Seele; insbesondere haben sie Sie in der Erkenntnis des eigenen Elends und Ihrer Fehler im Sinne eines Bemühens um Besserung unterstützt. Und sie waren, immer mit der Wirkung geistlichen Fortschritts, von Dauer, sie sind Ihnen Anlaß zu Buße, zu Selbstkritik und Gottesliebe. Doch selbst wenn man sicher ist, daß Erfahrungen von Gott kommen, darf man nicht zuviel darauf geben, denn Heiligkeit besteht in demütiger Gottes- und Nächstenliebe.

Gehen Sie Ihren Weg weiter, aber stets mit der Umsicht von Dieben, und fragen Sie immer, wohin er führt. Danken Sie dem Herrn, der Ihnen Ihre Liebe geschenkt hat und Selbsterkenntnis, Neigung zu Kreuz und Buße. Und um jene anderen (anfangs genannten) Dinge machen Sie sich keine Sorgen, allerdings ohne sie geringzuschätzen. Es gibt genug Anzeichen, daß die meisten von Gott kommen, und die anderen werden Ihnen nicht schaden, wenn Sie sich darüber beraten.

(Teresa): *Seit sie übernatürliche Erfahrungen machte, neigte ihr Geist stets dem Vollkommensten zu, und es war ihr ein großes Bedürfnis, Leiden auf sich zu nehmen. In den Verfolgungen, die ihr reichlich zuteil wurden, fühlte sie sich getröstet und voll einer ganz besonderen Liebe zu dem, der sie verfolgte. – Nie ist sie ohne irgendein Leiden. Es kann größer oder geringer sein, aber das Normale sind ständige Schmerzen, verbunden mit anderen erheblichen Krankheiten, die ihr, seit sie Nonne wurde, vermehrt zusetzen. – Und niemals wollte ihr Geist sie überreden, etwas zu verheimlichen, immer wünschte er sie gehorsam (53).*

Ich kann gar nicht glauben, daß ich Ihnen dieses alles aus eigenem Wissen geschrieben habe, denn ich besitze es nicht. Ihr Gebet hat das bewirkt. Ich bitte Sie um der Liebe unseres Herrn Jesus Christus willen, für mich zu beten, denn ich habe es sehr nötig. Ich glaube, daß Sie mir darum meine Bitte nicht versagen werden. Und ich muß nun mit Ihrer Erlaubnis schließen, weil ich noch mehr zu schreiben habe.

Jesus sei verherrlicht von allen und in allen. Amen.

De Montilla, den 12. September 1568.

Ihr Diener in Christo Juan de Avila

Bei alledem fehlte es ihr immer wieder nicht an Furcht, denn sie meinte, daß ja auch diese geistlichen Herren ebenso wie sie selbst getäuscht werden könnten. Sie suchte darum immer den Umgang großer Gelehrter, auch wenn diese wenig Gebetserfahrung hatten, denn sie wollte sich einzig der Übereinstimmung ihrer Erfahrungen mit der Heiligen Schrift vergewissern.

Und oft tröstete sie der Gedanke, daß, auch wenn sie selbst um ihrer Sünden willen Täuschung verdiente, Gott doch nicht zulassen würde, daß so viele Gute, die ihr Klarheit verschaffen wollten, irregeführt würden. Darum begann sie, sich Dominikanerpatres anzuvertrauen, bei denen sie schon vor diesen ungewöhnlichen Erfahrungen gebeichtet hatte.

Kluge Dominikaner

Eigentlich hätte Teresa ruhig sein können. Zwei große Heilige, Francisco Borja SJ und Pedro de Alcántara OFM, hatten es ihr bestätigt: sie stand mit ihren Erfahrungen in der Gnade Gottes. Sie rechnet diese beiden zu den „Spirituellen", zu jenen, die wie sie aus den Quellen der Askese und des Gebets leben, die wie sie von unmittelbaren Gottesbegegnungen zu berichten wissen. Aber könnten nicht auch diese sich täuschen?

Was macht sie sicherer, als sie selbst es zu sein wagt? Und Teresa braucht jetzt Sicherheit. Es kommt die Zeit des Dienstes an Gott und seinem geoffenbarten Wort, es kommt die Zeit des öffentlichen Wirkens, schwierig genug als Frau und Conversa.

Sie braucht Sicherheit auch aus einem noch tieferen Grunde: die Liebe in ihr wächst mit überwältigender Macht, „ein solches Sichverzehren nach Gott, daß ich mir nicht mehr zu helfen weiß. Ich denke dann, mein Leben geht zu Ende, ich schreie auf und rufe Gott und bin ganz außer mir. Manchmal kann ich nicht mehr sitzen bleiben, so stark fällt es mich an, eine Qual, die ich nicht herbeirief, so innig, daß die Seele sie nicht missen möchte, so lange sie lebt“ (1). Das schreibt Teresa 1560 an ihren neuen dominikanischen Beichtvater Pedro Ibáñez. Die Übermacht der Liebe hat sie ganz ergriffen, das darf keine Täuschung sein, anders wäre ihr zeitliches und ewiges Leben Lug und Trug. Teresas Bedürfnis nach Sicherheit ist ein Kampf um ihre Liebe.

Nur eines vermag sie wirklich zu beruhigen: die Übereinstimmung mit Gottes Wort, mit der Heiligen Schrift. Darum sucht Teresa jetzt Berater nicht mehr unter den Spirituellen, sondern unter den „Gelehrten, auch wenn diese wenig Gebetserfahrung hatten“. Diese Gelehrten sind die Dominikaner, seit dem Mittelalter als „Predigerorden“ die päpstlich ernannten Fachleute in Glaubensfragen. Darum stellen sie auch die Inquisitoren. Teresa hatte mit ihnen schon sehr positive Begegnungen gehabt: mit Vicente Barrón, der sie zum inneren Gebet zurückführte und ihre lebensentscheidende „Erweckung“ einleitete, mit García de Toledo, dessen Gespür und sicherer Führung die Autobiographie zu verdanken ist, dieses Wunderwerk an spontaner Erkenntnis und genialer Seelenkunde, das zugleich ein literarisches Werk von Weltrang wurde.

García de Toledo hatte Teresas Einzigartigkeit erkannt. Ihre natürliche Konkretheit bezaubert, gerade, wenn es darum geht, schwierige und abstrakte Dinge zu erklären. Ein Beispiel: Für das Verhältnis von Bemühen und Gnade bietet sich das biblische Gartengleichnis an (Jes 58,11). Der Dominikaner Luis de Granada etwa schreibt: „Andererseits soll man nicht auf Rat und Lehre verzichten. Man muß im Garten ja auch pflanzen und gießen, das Wachsen aber besorgt Gott allein." Das ist ein schönes Wort. Aber bei Teresa bekommt das Gleichnis ein ganz neues Leben: „Dann aber müssen wir uns bemühen, mit der Hilfe Gottes selbst gute Gärtner zu werden und die Pflanzen regelmäßig zu begießen, damit sie nicht vertrocknen, sondern wachsen, blühen und herrlich duften, auf daß sich unser Herr daran erfreue." Was andere vom Intellekt her anbieten, nimmt bei Teresa den Weg über die Sensibilität. Daher der „Realismus" ihrer Aussagen.

García de Toledo hat die Schriftstellerin und damit die Kirchenlehrerin entdeckt. Teresa aber nennt ihn in ihrem Bericht an die Inquisition nur unter „ferner liefen": ein Akt der Klugheit, war doch gerade die Autobiographie zum Stein des Anstoßes geworden. Dafür hebt sie Pedro Ibáñez hervor als einen großen Theologen. Ging es ihr bei der Nennung der jesuitischen Seelenführer um den Nachweis ihrer Bedeutung im Orden, – sie schrieb ja für zwei Jesuiten – so betont sie bei den Dominikanern deren wissenschaftliche Stellung an den Universitäten. Sie nennt neun Namen und fügt hinzu: „Es gab jedoch noch mehr."

Ibáñez hielt Vorlesungen im Dominikanerkolleg von Avila. Sie hatte ihn im Oktober 1560 bei Doña

Guiomar kennengelernt. Sie faßte sogleich Vertrauen und meldete sich für ein Beichtgespräch an. Und schon erhielt Pater Ibáñez von unbekannter Hand einen schriftlichen Wink, er möge doch seine Hilfe nicht „solchen Frauen“ zur Verfügung stellen. Tatsächlich waren zu dieser Zeit Teresas „ungewöhnliche Erfahrungen“ in Avila in aller Munde. Die Jesuiten, deren Stellung noch keineswegs gefestigt ist, ziehen sich zurück, Alvarez insbesondere fürchtet sich vor dem Rektor seines Ordenshauses. Aber Pedro Ibáñez OP ficht das alles nicht an. Er bittet Teresa um einen schriftlichen Bericht ihrer Gebetserfahrungen. Es ist die erste uns überlieferte Cuenta de Conciencia!

Teresa beginnt ihren Bericht mit einer knappen Schilderung des Gebets der Ruhe, also der Basis des kontemplativen, gottgelenkten Betens. Sie kommt dann zur Schilderung des unerträglichen und doch nicht zu missenden Übermaßes der Liebe mitsamt dem leidenschaftlichen Wunsche, Gott zu dienen. (Noch lebt sie ja im Encarnaciónskloster das wenig erfüllte Leben der allzu vielen Nonnen.) Sie kommt dann auf die Leiden zu sprechen, die ihr in diesem Kloster das aufgezwungene gesellschaftliche Leben verursacht, klagt über den Mangel an Zeit zum Beten, berichtet aber auch vom inneren Fortschritt, den sie nach den Erfahrungen der Visionen und Ekstasen spürt: „Wenn an mir irgend etwas Gutes ist, so habe ich es daher.“ Sie spricht von ihrem Streben, um der Liebe zu Gott willen auch die kleinste läßliche Sünde zu meiden, zugleich von ihrer auch immer wieder entmutigenden Unvollkommenheit.

Doch sind die inneren Erfahrungen so stark, daß alles Äußere dagegen „wie ein Kehricht“ erscheint. Die frühere sanft-wohltuende Frömmigkeit wandelte sich in „ein maßloses Entflammtsein“, nur Ekstasen bringen Linderung und Rettung. Seit etwa einem Jahr ist sie, was weltliche Bedürfnisse angeht, „zu größerer Freiheit gelangt“, ohne daß sie jedoch ihre „Armseligkeit“ aus den Augen verlöre, so daß die Versuchung des Hochmuts nicht groß ist. Sie kann andere nicht verurteilen, realisiert keine Negativitäten, denn sie lebt in einer „ständigen inneren Ausrichtung auf Gott“. Doch macht sie auch die dunklen Erfahrungen der Gottverlassenheit, aus der jedoch Gott sie „in einem Augenblick“ wieder herausholen kann. Letzlich hat sie „Anlaß zu dem Glauben, daß diese Dinge von Gott kommen. Ich erkenne in aller Wahrheit und Klarheit und ich weiß, ich täusche mich nicht, daß Gott sich dieser Mittel bediente, um mich in seinen Dienst zu ziehen (1)“.

Ibáñez schreibt ein Gutachten, das vor einem kleinen Prüfungsgremium verlesen werden soll. Das Gutachten stützt sich auf Teresas Bericht. Es sagt eingangs, daß sie solche Erfahrungen niemals wünscht, sondern einzig an Gottes Willen orientiert ist. Alles, was sie berichtet, stimmt überein mit der Heiligen Schrift und ist wahr in der ganzen Strenge des scholastischen Verständnisses. Sie ist demütig und voller Liebe, die Verfolgungen, üble Nachrede und auch ihre schwache Gesundheit machen sie nur wachsen in der Freude, um Christi willen zu leiden. Teresa hatte geschrieben: „Sehe ich doch, wie Christus nichts als Mühsal und Leiden lebte. Diese bitte ich Gott mir zu geben und dazu die Kraft, sie zu ertragen“ (1).

Teresa, so führt Ibáñez weiter aus, verliert niemals die Ruhe und den Frieden. Das sind nach dem heiligen Thomas von Aquin, dem Größten der Dominikaner, die sichersten Zeichen, daß „ein Engel des Lichts“ in der Seele wirkt. Auch kommt Teresa, so betont der Pater, durch ihre Visionen Gott näher, während der Teufel die Seele von Gott wegzuführen bestrebt ist. Teresa hatte gesagt: „Ich kann nicht glauben, daß der Teufel so viele Hilfen zu meinem Heil ersinnt, er ist doch nicht dumm!“ Der Pater hebt Teresas Mut hervor, ihre innere Stärke: „Sie ist jenseits weiblicher Albernheit und Zimperlichkeiten: sie hat keine Skrupel, sie ist von äußerster Geradheit und Aufrichtigkeit.“ Und schließlich: „Diese Dinge verursachen in ihr eine Geistesklarheit und ein Verständnis göttlicher Dinge, die bewundernswert sind.“ Teresa hatte ihm geschrieben: „Eine Vision genügt, um Leib und Seele mit Ruhe zu erfüllen und den Verstand mit gesunder Klarheit“(1).

Sie hatte in diesem Pater einen verständnisvollen Geistlichen gefunden, der schon von seiner Ausbildung her genau das tat, was sie wünschte: er legte an ihre Erfahrung und innere Entwicklung den Maßstab des Evangeliums an. Groß war ihre innere Erleichterung nach diesem Gutachten*. Das Verhältnis gestaltete sich herzlich, bald ist Ibáñez nicht nur der Gebende, sondern auch der Empfangende. „Er machte in vier Monaten mehr Fortschritte als ich in siebzehn Jahren“, stellt Teresa in ihrer Autobiographie fest. Leider war der Umgang mit ihm nicht von langer Dauer, er wurde von Avila fortberufen, war zudem nicht gesund, so daß er nur noch wenige Jahre zu leben hatte. Teresas Liebe und Verehrung drückt sich wieder in Visionen aus. Sie sieht, wie die Muttergottes herabkommt und ihn mit einem weißen Mantel der Reinheit bekleidet, sie sieht die Taube des Heiligen Geistes über seinem Haupte, und sie hat bei seinem Tode die gleiche Vision wie bei

* Man schrieb es lange fälschlich Petrus von (Pedro de) Alcántara zu.

dem des heiligen Petrus von Alcántara: daß er ohne weitere Läuterungsnotwendigkeiten direkt in den Himmel aufgenommen wird. (Auch der heilige Dominikus erschien ihr mehrfach.)

Ibáñez hatte sich nicht nur als Seelenführer segensreich erwiesen. Er half der Heiligen beim Plan der Klosterreform. Wenn er auch nicht ihre Meinung teilte, daß das neue Kloster in Avila „auf Armut gegründet“ sein müsse, also von Almosen leben sollte um des evangelischen Armutsrates willen, schrieb er doch nach Rom und erwirkte von Papst Pius IV. ein Breve, ein Genehmigungsschreiben für das Reformklösterchen.

Domingo Báñez, der Retter

Teresa konnte ihre erste Gründung gegen viele Widerstände durchsetzen. Natürlich war man in ihrem ursprünglichen Menschwerdungskloster empört, von da aus liefen bedeutende Fäden zu wichtigen Familien der Stadt. Es schien einfach unmöglich, daß eine Frau – ein Wesen, dem man nicht einmal das innere Beten zugestehen wollte – ein kontemplatives Kloster gründete, auf alte wüstenväterliche Traditionen zurückgriff, die schließlich Männersache waren. Und man munkelte nicht zu Unrecht von Finanzhilfe aus Conversokreisen. Vor allem aber fürchtete man die auf die Stadt zukommenden Unkosten.

Am Tage der Einweihung, dem 24. August 1562, war Teresas Freude groß, aber noch größer war der Aufruhr wegen dieser Gründung, so daß schon eine knappe Woche später eine Ratsversammlung einberufen wurde. Zuvor gab es Versuche, dem Kloster die Türen einzuschlagen, man drohte mit Brandstiftung, kurz, das kleine Haus mit seinen vier Nonnen war zum Mittelpunkt der Stadt Avila geworden. Der Rat tagte am frühen Nachmittag, alles, was Rang und Namen hatte, war gekommen, auch die Oberen der verschiedenen Orden der Stadt. Im letzten Augenblick kam ein junger Theologe aus dem Dominikanerkolleg angehetzt, er nannte sich Domingo Báñez. Erwartungsvolle Stille legte sich über die Versammlung, als der Bürgermeister *zu seiner Rede ansetzte. Er sagte: „Erlauchte Caballeros und hochwürdige Padres, wir haben uns hier versammelt, um in einer Sache zu entscheiden, die wegen ihrer Einfachheit nicht so vieler bedeutender Männer bedürfte. Aber die Rechenschaft, die ich allen schulde, hat mich zu diesem Mittel greifen lassen. Bekannt ist ja die Neuigkeit, daß vor einigen Tagen in dieser Stadt ein Kloster der ‚Unbeschuhten Karmelitinnen' gegründet wurde. Und schon wenn ich sage Neuigkeit, erkennt man in diesem Wort eine Neuerung, die Schaden zufügt und Abscheu hervorruft. Bekannt ist die Unruhe im Gemeinwesen, die Erregung der Gemüter, die Reden, die Gerüchte, die Verwirrung – denn dieses Kloster läßt keine Ordnung und Ruhe in der Stadt zu, noch gestattet es den guten Einrichtungen und Sitten ein ehrwürdiges Alter. Und schlimmer noch als andere Neuerungen, kleidet sich diese in die Farbe und den Mantel der größten Frömmigkeit.

Es ist nicht recht, daß die Religiosität einiger weniger der Stadt größere Lasten auflade, als sie zu tragen vermag. Was bedeutet es für uns, daß dieses Kloster ohne feste Einkünfte gegründet wurde, ohne Schenkung und ohne die Absicht, dergleichen jemals zu ha-

---

* Corregidor = in bedeutenden Städten vom König eingesetzter Bürgermeister.

ben? Dieses, meine Herren, bedeutet, uns eine Steuer aufzuzwingen, uns das Geld aus der Tasche zu ziehen und das Brot vom Munde zu nehmen. Zudem, wenn doch die Stadt das Haupt aller Einwohner ist und die Klöster ihre Glieder – wie konnte man gründen ohne ihr Einverständnis? Und, meine Herren, wissen wir denn, ob diese Gründung nicht Betrug ist, eine Vorspiegelung des Teufels? Man sagt, diese Nonne habe Offenbarungen und eine sehr spezielle Geistesverfassung. Eben dieses läßt mich fürchten, und der Klügere muß hier Bedenken tragen. Denn in dieser Zeit haben wir genug Betrug und Täuschung bei Frauen gesehen, und bei allen war es gefährlich, den von ihnen erstrebten Neuheiten zuzustimmen. Ich will diese Nonne nicht des Betruges bezichtigen, das liegt außerhalb meiner Zuständigkeit. Aber ich möchte die klugen Geister zur Vorsicht gegenüber Neuerungen ermahnen, damit sich die Klöster nicht ohne Ordnung vermehren, damit man ihre Gründung nicht zulasse ohne Genehmigung der Stadt. Dieses ist mein Urteil, und ich hoffe, es wird bestätigt von all der Gelehrsamkeit und Erfahrung, die ich hier versammelt sehe."

Man mag die allgemeine Zustimmung gespürt haben, und Teresas Sache – wenn Gott nicht half – schien verloren. Aber da erhob sich der junge Dominikaner, der fast zu spät gekommen war. Sein Name, Domingo Báñez, war allen unbekannt. Dafür sollte er später zum Stolz der spanischen Universitäten werden, berühmt in der alten und neuen Welt, Meilenstein in der Geschichte der Theologie. Nun, mit seinen 34 Jahren im Orden geachtet, aber sonst ein Niemand, erhob er sich und sagte:

„Es mag verwegen scheinen, wenn ich hier so vielen und bedeutenden Männern und einer so durchdachten

Rede widerspreche. Da ich aber mehr dem eigenen Gewissen verpflichtet bin als den Gewissensgründen dieser freien Versammlung, kann ich nicht verschweigen, was es mir zugunsten des neuen Klosters der Unbeschuhten Karmelitinnen diktiert. Was ich sagen werde, ist zumindest frei von persönlichen Gefühlen. Denn bis zu diesem Augenblick habe ich die Gründerin weder gesprochen noch gekannt oder sonst mit dieser Gründung zu tun gehabt. Daß sie neu ist, gebe ich zu – darum hat sie auch auf das einfache Volk die übliche negative Wirkung von Neuerungen ausgeübt. Aber deshalb muß sie doch nicht in dieser Versammlung kluger und bedeutender Männer den gleichen Effekt haben, denn nicht jede Neuheit ist zu tadeln. Wurden nicht auch die anderen Orden so gegründet? Begegnen wir nicht, ebenso wie unsere Vorfahren, täglich Reformen, die ins Werk gesetzt wurden, als man es am wenigsten erwartete? Die christliche Kirche selbst, wurde sie nicht von Christus neu geschaffen? Nichts könnte in ihr wachsen, so gut es auch sei, wenn wir uns einmütig der Furcht vor Neuerungen verschrieben. Was man einführt zur größeren Ehre Gottes und Besserung unserer Gewohnheiten, kann man nicht als Erfindung und Neuerung bezeichnen, denn es ist Erneuerung der immer alten Tugend. Nennen wir doch auch die Bäume nicht neu, wenn sie ihr Frühlingskleid anziehen, noch die Sonne, wenn sie täglich wieder aufgeht.

Warum bezeichnen wir dann die Erneuerung eines Ordens als tadelnswerte Neuheit? Was ist schlimmer für eine religiöse Gemeinschaft: den alten Glanz zu verlieren oder ihn wiederzugewinnen? Wenn uns das erstere nicht erschreckt, warum ereifern wir uns dann über das letztere? Nur was sich der Tugend und dem besseren Dienste an Gott entgegenstellt, meine Herren, nur das ist tadelnswerte Neuerung! Der soeben gegründete Konvent der Karmelitinnen aber ist Reform einer altehrwürdigen Institution, ist Rückholung des Verlorenen zur Stärkung dieses Ordens und zum Nutzen der Christenheit. Aus diesem Grunde sollte man das Kloster unterstützen, vor allem auch seitens der Oberhäupter christlicher Städte, deren Aufgabe es ist, lobenswerte Einrichtungen zu fördern."

Nachdem Báñez so Teresas Kloster verteidigt hat – mit welchen Gefühlen würde sie seiner Rede gelauscht haben, wenn man sie eingeladen hätte! –, geht er zum Angriff über. Er zählt die städtischen Mißstände auf, die ohne weiteres geduldet werden, scheut sich nicht, von Prostituierten und Strichjungen zu sprechen, von Vagabunden und Tagedieben, um dann zu fragen, ob demgegenüber die „vier Nönnchen in ihrem Winkel, in ihrem Loch" der Stadt wirklich einen untragbaren Schaden zufügten, über den man sich erregen müsse. Er gibt zu, daß zwar er selbst es auch lieber sehen würde, wenn das Kloster feste Einkünfte hätte, nicht um der Stadt Avila, sondern um der Schwestern willen, doch sei dieses eine Angelegenheit, über die nicht die weltliche Obrigkeit zu entscheiden habe, sondern der Bischof, denn einzig dieser habe Entscheidungsgewalt über das Kloster, das aufgrund eines päpstlichen Schreibens gegründet sei.

Mit dieser Rede hat Domingo Báñez die Reform „in der Wiege gerettet", wie die Historiker später sagten. Allerdings mußte Teresa noch Prozesse führen, wenn man auch nicht mehr wagte, das Kloster einfach aufzuheben. Gute Freunde liehen ihr Geld für die Gerichtskosten, und auch vom Madrider Hofe her wurde freundliche Gesinnung signalisiert. Noch drei bittere Monate muß Teresa – gemieden und angefeindet – in ihrem alten Kloster verbleiben, dann endlich, im Dezember, darf sie als Priorin nach San José übersiedeln. Pater Ibáñez hatte diesen entscheidenden Schritt durchgesetzt.

Die beiden Dominikaner mit den verwechselbaren Namen Báñez und Ibáñez standen in gutem Kontakt zueinander, so daß Teresa ohne Schwierigkeiten bald mit dem einen, bald mit dem anderen ihre Angelegenheiten besprechen konnte. Aber schließlich ist nur noch Báñez verfügbar, für sie ein Hort der Sicherheit und Stärke, denn für sechs Jahre, die Zeit von 1562–1568, war Báñez überwiegend in Avila: dann folgen Abstecher nach Alcalá und Salamanca; 1573 beruft man ihn nach Valladolid, und 1577 erhält er einen Lehrstuhl an Spaniens ruhmreicher Universität von Salamanca, von wo aus sich sein Ruf in ganz Europa verbreitet.

Während der schon einem modernen Menschenbild verpflichtete Jesuitenorden den freien Willen des Individuums hervorhebt, da ihm nur so die Liebe eines allmächtigen Gottes gewahrt scheint, betont Báñez die traditionelle thomistische Auffassung, die schlicht besagt: „Gott bewegt den Willen, aber er bewegt ihn frei.“ Damit behält die unumschränkte Allmacht Gottes weiterhin den ersten Platz. Die dogmatischen Kämpfe zwischen beiden Orden waren hart, und schließlich entschied die Kirche salomonisch: Es bleibt ein Geheimnis, wie sich die Allmacht Gottes mit dem freien Willen des Menschen vereinen läßt. Anders als die Protestanten, vor allem calvinistischer Prägung, halten jedoch auch die Thomisten am absoluten liebenden Heilswillen Gottes für alle Menschen fest.

Teresa befand sich in den 60er Jahren mit ihren jesuitischen und thomistischen Beichtvätern theologisch also

also zwischen zwei Feuern. Und gerade Báñez galt als der extremste Exponent der Allmacht-Richtung, so daß man bis heute vom „Báñezismus" spricht, obwohl sich weitgehend die Erkenntnis durchsetzte, daß er keine neue Theologie vertrat, sondern nur ein eigenes und manchmal schwieriges Vokabular wählte. Bei Teresa ist von theologischen Konflikten nichts zu bemerken, man könnte eher sagen, daß ihr die Richtung Báñez' von vornherein entsprach. War es doch immer wieder die Erfahrung der Gnade Gottes, die ihr die eigene „Nichtigkeit" vor Augen führte. Gerade aus dieser für sie natürlichen Haltung werden ihr die Liebe und Barmherzigkeit Gottes zu einer Wirklichkeit, die sie die Autobiographie „das Buch von der Barmherzigkeit Gottes" nennen ließ. Schon die ersten Kapitel zeigen, daß der freie Wille sich bei ihr keiner Beliebtheit erfreut; das dort Gesagte steigert sich dann in den „Rufen der Seele" (1569) zu dem Paradoxon: „O freier Wille, wie bist du doch Sklave deiner Freiheit!"

In Cuenta 64 gibt sie eine „innere Ansprache" Gottes wieder, die Báñez gefallen haben muß. Gott sagte ihr: „Diejenigen täuschen sich, die sich durch geistliche Geschenke sicher glauben. Wahre Sicherheit gibt nur das Zeugnis des guten Gewissens. Aber niemand meine, er weile von sich aus im Licht, so wie er auch den Einbruch der Nacht nicht verhindern kann, denn alles hängt ab von Meiner Gnade. Das beste Mittel, sich im Licht zu halten, ist die Erkenntnis, daß er nichts vermag und daß alles von Mir kommt. Denn auch wenn er im Lichte ist: sobald Ich Mich abwende, wird die Nacht hereinbrechen. Das ist die wahre Demut, zu wissen, was er vollbringen kann und was Ich vermag."

Wenn Teresa im Gebet tiefe Gnadenerfahrungen macht, so erkennt sie das Wirken des Heiligen Geistes, der einen inneren Frieden bewirkt, wie ihn natürliche Kräfte nicht erlangen, und der dem Wesen des Teufels diametral entgegengesetzt ist. So lehrt es auch Báñez, und er betont, daß die Seele im Gnadenstand unter dem direkten Einfluß des Heiligen Geistes wirkt. Dabei dürfen aber die Seelenvermögen nicht willentlich außer Kraft gesetzt werden, im Gegenteil. Ihre scheinbare Passivität ist ein intensiveres Wirken auf höherer Ebene, das von Gottes Geist souverän gelenkt wird. Das ist wichtig für den Vorgang der Kontemplation. Teresa sieht ihre Erfahrung bestätigt: Für Báñez sammeln sich in der schweigenden Kontemplation alle Glaubenswahrheiten wie in einem Brennpunkt, unaussprechlich, aber unendlich anwesend und wirksam im Heiligen Geiste*. Dabei bedient sich die Gnade aller real gegebenen Umstände, sie zerstört nichts, im Gegenteil, sie erfaßt und durchströmt alle Lebensbereiche, auch die alltäglichsten. Teresas „Herr zwischen den Kochtöpfen“ hat hier durchaus seinen Platz.

Auch als Báñez Avila verlassen hat, besteht der Kontakt weiter: „Und immer noch schreibt sie ihm, sobald sich neue Erfahrungen zeigen“ (53). Die Beziehung war freundschaftlich und distanziert zugleich. Teresa fand in diesem Manne das Ideal des unbestechlichen Gelehrten, der Einfühlungsvermögen, Herzenswärme und Mut besaß. Sie ist dankbar für seine vorsichtige Skepsis, die ihr Sicherheit gibt. Daß sie ihn liebt, zeigen die zärtliche Anrede „Mi hijo“ und die Sorge um sein Wohlergehen, die sich nicht scheut, den rheumageplagten Mann zum Tragen warmer Unterwäsche zu ermahnen.

---

* Die Báñez-Zitate können hier nicht angegeben werden. Vgl. Marcel Lépée, Báñez et Sainte Thérèse.

Er ist zweifellos der Beichtvater, der den größten Einfluß auf Teresa ausübte, der sie behutsam aus der Gefährdung durch eine Überflutung mit „mystischen Phänomenen“ herausführte, an ihren stark ausgeprägten Realismus appellierte. Realismus heißt für Teresa Ausrichtung an der Heiligen Schrift, Bemühen, den Willen Gottes zu erkennen und zu tun, Nachfolge Christi. Alles dieses verbunden mit dem Bewußtsein, ständig unter den Augen Gottes zu leben, mitten im banalsten Alltag.

Auch Báñez lernt von der Heiligen, ist bereit, seine Meinung zu ändern. Er erzählt, daß er manchmal im Beichtgespräch zu zittern begann, so spürbar wurde Gott in ihren Berichten. Das will viel heißen bei einem Theologen, der mystische Erfahrung bei Frauen als gefährliches Hirngespinst abgelehnt hatte. Und er sprang über seinen Schatten, als er Teresa beauftragte, eine Gebetslehre zu schreiben, den „Weg der Vollkommenheit“, ja, er schützte sie, als sie ihren Kommentar zum Hohenlied geschrieben hatte, während doch Frauen ein solches Tun verboten war. Báñez stellte sich wegen dieses Werkes sogar gegen einen Mitbruder; Diego de Yanguas OP verlangte, daß sie das Manuskript verbrenne, und sie gehorchte! Glücklicherweise gab es aber Abschriften dieser Meditationen. Zu einem dieser Manuskripte, das im Kloster von Alba de Tormes verborgen war, schrieb dann Báñez 1575 eine Beglaubigung und rettete so das Werk mit seinem tiefen Zauber für die Nachwelt.

Ebenso ist ihm die Erhaltung der Autobiographie zu danken, für die er im gleichen Jahr eine „Zensur“ schrieb, die er rückblickend zusammenfaßte: „Im wesentlichen wurde festgestellt, daß, selbst wenn besagte Teresa de Jesús sich in etwa täuschte, sie doch keine

Betrügerin war. Mit größter Wahrhaftigkeit suchte sie Licht in diese Dinge zu bringen und verschwieg weder Gutes noch Böses. Zweitens wurde gesagt, daß das Buch zu ihren Lebzeiten nicht veröffentlicht werden dürfte; statt dessen sollte das heilige Offizium es verwahren, bis man sähe, wohin es mit dieser Frau führe. Doch fertigte man gegen den Willen des Zensors (Báñez) noch Abschriften an. Er war darum ärgerlich auf besagte Teresa de Jesús, obwohl nicht sie die Schuld traf, sondern den, dem sie vertraut hatte, und er drohte ihr, das Original zu verbrennen, denn es sei nicht recht, daß Schriften von Frauen in die Öffentlichkeit gelangten. Sie antwortete, das sähe sie ein, und so möge er es doch verbrennen, wenn er wolle. Daran erkannte er ihre Ergebenheit und Demut. Er begann sie mit großer Achtung zu betrachten und wagte nicht mehr, das Manuskript zu verbrennen. Statt dessen übergab er es der Inquisition zur Aufbewahrung, deshalb konnte es nach ihrem Tode in Druck gehen, wenn auch immer noch einige unerfahrene Eiferer sich dagegen aussprechen und Dinge schlechtmachen, von denen sie nichts verstehen. Anderen aber, Theologen und Laien, schien das Buch sehr gut und von großem Nutzen zu sein."

Diese Zusammenfassung findet sich in dem langen Gutachten, das Báñez 1591 anläßlich der Seligsprechung Teresas schrieb und nach Salamanca sandte, wo man die Akten sammelte. Es zeigt auch seinen gütigen Humor, den Teresa hinter seiner Strenge sehr wohl erkannte. Von sich wegen des juristischen Charakters des Dokumentes meist in dritter Person sprechend, berichtet er dann doch ganz persönlich: „Je strenger und unfreundlicher ich zu ihr war, je mehr ich sie demütigte und ihr Verachtung zeigte, um so begeisterter suchte sie Rat bei mir, da sie meinte, je mehr Angst sie vor ihrem Beichtvater habe, um so sicherer werde sie geleitet."

Als der dominikanische Provinzial Juan de Salinas Pater Báñez rügte, weil er so große Stücke auf „diese Teresa de Jesús" hielt, obwohl man doch Frauen mißtrauen müsse, bat dieser ihn, sie doch in Toledo einmal aufzusuchen. Salinas tat es und kam zurück mit den geflügelten Worten: „Oho! Eine Frau soll das sein? Meiner Treu, das ist ein Mann und einer von den bärtigsten." Er wollte damit sagen, erläutert Báñez, daß er ihre große Festigkeit und Klugheit in der Leitung der eigenen Person und ihrer Nonnen erkannt hatte. Auch Provinzial Fernández OP änderte durch die Bekanntschaft mit Teresa seine Meinung über die Frauen. Sie und ihre Nonnen, so gab er zu, zeigten der Welt, daß Frauen die evangelische Vollkommenheit erreichen können. Pater Báñez hebt diese Bestätigung gern hervor, war er doch bei einer großen Zahl von Klostergründungen ein wirkungsvoller Helfer, – eine Fortsetzung seiner Rettung der Reform in den Anfängen von San José. Er setzte auch durch, daß Teresa nicht starr an dem Armutsideal Alcántaras festhielt, sondern da, wo es geboten schien, feste Einkünfte akzeptierte. Er wird nicht müde, Teresas Vernunft, Flexibilität und Demut hervorzuheben, die so glücklich ihre Führungsqualitäten ergänzten. Er berichtet, daß wieder ein bekannter Theologe sie in diffamierender Weise mit Magdalena de la Cruz verglichen hatte; als das Teresa zu Ohren kam, sagte sie nur: „Ich arme Sünderin, man kennt mich nicht. Denn wenn mich dieser Pater besser kennte, würde er viel Schlimmeres von mir sagen können!" Was man Teresa auch an Gehässigkeit und Verleumdungen antat, niemals, so betont Báñez, hatte sie darauf eine andere Antwort, als demütig für ihre Beleidiger und Verfolger zu beten. Bewundernswert war die Heiterkeit, die sie in allen Leiden bewahrte, nicht zuletzt in Anbetracht ihrer oft großen Schmerzen und vielen Krankheiten.

So sieht das Porträt aus, das der berühmte Dominikaner von Teresa zeichnet. Es läßt eine tiefe Liebe spüren. Báñez scheute sich später auch nicht, die unerläßliche Frage nach Teresas Herkunft geschickt zu umgehen. Anders hätte es keine Seligsprechung gegeben. Er drückt sich folgendermaßen aus:

„Es ist allgemein bekannt, daß besagte Teresa de Jesús in Avila geboren wurde, wo sie mütterlicherseits adelige Verwandte hat, die dies bestätigen. Und über den Vater hat er gehört, daß er aus dem Königreich Toledo stammt, und er hat einige seiner dortigen Verwandten kennengelernt, Christen und Edelleute." Báñez beruft sich auf ein „Gehörthaben" und sagt nicht „alte Christen", was der übliche Ausdruck der Zeit gewesen wäre. Aber andererseits ist so auch nichts ausgeplaudert.

Das Büchlein für die Töchter

„Man befahl ihr", erzählt Teresa, „ein weiteres Büchlein für die Töchter zu schreiben." „Man" – das war Domingo Báñez, und „weiteres" – das Buch nach der Autobiographie. Eine ganz neue Situation: Der skeptische Báñez bittet die Reformerin, „etwas über das Gebet" zu schreiben (53). Gewiß ist es zunächst für die Töchter des neuen San Joséklosters gedacht. Doch offensichtlich steht auch seitens des Theologen das Interesse dahinter, von Teresas Genie der Erfahrung zu lernen und ihre Gabe, das Schwierige einfach und anziehend darzulegen, für weite Kreise zu nutzen.

Das ist ein ganz erstaunlicher Vorgang. Nach den Beunruhigungen wegen der Autobiographie sollte man in den Beichtvätern eher „gebrannte Kinder“ vermuten. Und hinzu kommt in den sechziger Jahren die frische Erinnerung an das schreckliche Jahr 1559 mit Ketzerverbrennungen (gerade auch Frauen!) in Valladolid und Sevilla, mit seinem gnadenlosen Index, auf dem Teresas große Vorbilder und Freunde zu finden sind, zumindest mit bestimmten Werken: Pedro de Alcántara, Francisco Borja, Juan de Avila, Luis de Granada, und, und! Wenn auch das tridentinische Konzil diesen Index korrigieren wird – der Schrecken ist noch spürbar. Und weiter bestehen die Verbote volkssprachlicher geistlicher Schriften und die zugleich antifeministische und antimystische Tendenz, die Frauen auf das mündliche Gebet beschränken will, mag auch Jesus Christus Teresa erscheinen und sagen, das sei Tyrannei!

Dennoch: so rechtgläubige Christen wie der Dominikaner Báñez wünschen dieses Buch, das die Verbote durchbricht. Und Teresa geht noch einige Schritte weiter. „Das Büchlein für die Töchter“ ist Gebetsanleitung; aber mehr noch Kampfschrift der Reform, „Bannerschwingen“ für die Kirche und gegen die verbreitete Diffamierung der Frauen und Laien seitens der Theologen, gegen die Gleichsetzung echter Mystik mit „Illusionen“ und für die Macht Gottes, seine Gnade zu schenken, wem und wie er will.

Aber neben diesen objektiven Antrieben gibt es auch die notwendige subjektive Selbstbehauptung. Teresa ist nicht mehr bereit, sich so mir nichts dir nichts erklären zu lassen, sie sei des Teufels und solle ihre Erfahrungen zum Teufel schicken, von dem sie stammten. Das Gelingen der ersten Klostergründung gegen alle

Widerstände, der Fortschritt der Reform – sie gründet sieben weitere Klöster, fünf für Frauen und zwei für Männer (!), während sie ihren „Weg des Gebetes" schreibt – haben sie sicherer gemacht. Ein Sendungsbewußtsein wird sichtbar, wie sie es in Cuenta 62 ausdrückte: „Ohne die Gnadengeschenke des Herrn hätte ich wohl weder den Mut zu den vollbrachten Werken gehabt noch die Kraft, all die Leiden, Widerstände und Verurteilungen zu ertragen. Darum erkenne ich, daß der Herr, der die Reform dieses Ordens wünschte, sich meiner als Instrument bediente, wobei seine Majestät das Fehlende, nämlich alles, hinzufügen mußte, damit seine Größe wirksamer und offenbar sei in einem so schlechten Werkzeug."

Sie schreibt das Buch, das später den Titel „Der Weg der Vollkommenheit" erhält, für ihre werdende Ordenskongregation zweimal. Die erste Fassung, kühn, leidenschaftlich, nicht immer ausgewogen, wird heute nach ihrem Aufbewahrungsort „Escorial" genannt. Sie entstand vermutlich gleich nach der Autobiographie um 1565. Aber sie erfuhr starke Korrekturen, nicht von Báñez*, wie Teresa es erwartet hatte, sondern vom schon lang vertrauten García de Toledo, dem entscheidenden Schrittmacher der Autobiographie. Die Korrekturen betreffen nicht die grundsätzliche Kühnheit der Schrift. Wohl aber so viele Einzelheiten, daß Teresa es vorzieht, das Ganze noch einmal zu schreiben, was dann etwa 1569 im wesentlichen abgeschlossen ist und heute als Fassung „Valladolid" bezeichnet wird. Einiges fällt ganz weg, so z. B. die geharnischte Kritik an den Töchtern, man solle sich nicht „ohne Maß und Ordnung" eigene Frömmigkeitsübungen aussuchen,

* In älteren Ausgaben wird die Zensur Báñez zugeschrieben.

dafür aber beim Chorgebet fehlen, „den einen Tag, weil wir Kopfschmerzen haben, den nächsten, weil wir Kopfschmerzen hatten, und weitere drei, damit wir keine Kopfschmerzen haben werden". Anderes wird erweitert oder vertieft. Juan de Avilas großer Brief findet ein Echo, da Teresa vorher (Escorial) meinte, Gott gebe seine Gnaden wohl einem schwachen Menschen, nicht aber dem wahren Sünder. Dann liest sie bei Avila: „Es ist der Güte des Herrn nicht neu, aus Sündern Gerechte zu machen. Wer setzt der Güte des Herrn Grenzen?" Durch die wachsende Sicherheit ist Teresa auch toleranter geworden. So gibt sie nun zu, daß Gott auch Sünder, „die er ganz verloren sieht, den Händen des Teufels entreißen will" mittels seiner beglückenden Gnadengeschenke. Zur Toleranz gesellt sich wachsende Demut.

Auch die Nächstenliebe tritt stärker hervor, es ist nicht mehr entscheidend, sich von allem, „was nicht Gott ist", absetzen zu müssen. Die Verwandten verlieren ihren Schrecken. Ist man erst im Klosterleben (von San José!) gefestigt, so mögen sie ruhig kommen, „man nehme sie als Kreuz und heiße sie willkommen", das ist „kein Schaden". Sie spricht jetzt nicht mehr von der „Belastung", wie in der ersten Cuenta, sondern von Nächstenliebe, die keinen ausschließt. Wenn auch noch nicht ganz die spirituelle Höhe der „Inneren Burg" erreicht ist, auf der Teresa weiß: „Denn ob wir Gott lieben, kann man nicht wissen, wenn es auch spürbare Anzeichen dafür gibt. Aber die Liebe zum Nächsten ist erkennbar. Und glaubt mir, je weiter ihr euch in dieser fortschreiten seht, um so größer ist eure Gottesliebe. Wir können nämlich niemals zu vollkommener Nächstenliebe gelangen, wenn sie nicht aus der Wurzel der Gottesliebe emporwächst."

Das ist schon ein Zitat aus der Erfahrung der Unio mystica, die Teresa bei der Abfassung des „Wegs der Vollkommenheit“ noch nicht im zuständlichen Sinne der „Vermählung“ hat. Vorsichtig unterläßt sie es in ihren Anweisungen für die Töchter, auch die höchsten Gebetsstufen zu behandeln. Weise aber läßt sie alle Möglichkeiten offen. So ermutigt sie, ohne zu entmutigen.

An den Anfang stellt Teresa jene Vergegenwärtigung des Herrn, die für sie Kern des inneren Gebets ist. Aus dieser noch aktiv zu leistenden Vergegenwärtigung erwächst dann die Wahrnehmung des „inneren Meisters“, der Eintritt in den Dialog mit ihm. Dieser Beginn ist am besten von einem Text aus zu leisten. Teresa setzt jedoch im „Weg“ anstelle der üblichen Schriftlesung das Vaterunser. Damit ist zweierlei erreicht: Erstens die Nähe zu Jesus Christus, der uns dieses Gebet gab, den wir uns vorstellen oder innerlich lieben können und mit dem gemeinsam wir vor den Vater treten. Zweitens erhält so das mündliche Beten eine ganz neue Funktion und Würde. Es ist kein Plappern für Anfänger und Frauen, sondern führt, in Herz und Geist bewegt, in jene Tiefen, in denen der „Verstand gefesselt“ ist, wie im Gebet der Sammlung, oder gar „der Wille gebunden“, wie im Gebet der Ruhe. Jedes Wort, in der Gegenwart des Herrn erfahren und durchkostet, bietet die Möglichkeit, von der eigenen Aktivität in jenes Lassen überzugehen, in dem Gott selber das Gebet weiterführt. Dieser Angelpunkt ist das Gebet der Ruhe, das Teresa schon zu den übernatürlichen und damit kontemplativen Gebetserfahrungen rechnet. Es öffnet die Tür zu allen Möglichkeiten. Darum sieht Teresa das mündliche und innere Beten immer zusammen, denn es kann beim rechten mündlichen geschehen, daß Gott „die Seele zu vollkommener Beschauung erhebt“, da er ihr „den Lauf der Gedanken anhält und ihr, wie man so sagt, das Wort aus dem Munde nimmt. So begreift sie die wortgeräuschlose Unterweisung des Meisters“. Die Zeit der Versenkung oder gar Versunkenheit* kann lang oder kurz sein, das Vaterunser mag eine Stunde dauern, wesentlich ist die Aufwertung des mündlichen Betens. Teresa schlägt vor, Theologen, die Frauen nichts anderes „erlauben“ wollen als das reine mündliche Beten, zu fragen, ob denn ein solches Beten auch „mit Herz und Verstand“ geschehen solle. „Antworten sie mit Ja, denn sie können nicht anders, so habt ihr sie zu dem Bekenntnis veranlaßt, daß ihr das innere Gebet pflegen sollt.“

Also auch als Gebetsbuch ist „Der Weg der Vollkommenheit“ noch eine Kampfschrift, Eintreten für die geistlichen Fähigkeiten der Frauen, Eintreten für den kontemplativen und damit auch mystischen Weg. Den leidenschaftlichsten Passus bezüglich der Frauen hatte García de Toledo bei seiner Zensur fast bis zur Unkenntlichkeit ausgestrichen. Erst dem großen Teresianisten unserer Zeit, Pater Tomás de la Cruz (Alvarcz), gclang dic Rckonstruktion:

„Herr meiner Seele! Als du noch in dieser Welt wandeltest, hast du den Frauen immer deine besondere Zuneigung bewiesen. Fandest du doch in ihnen nicht weniger Liebe und Glauben als bei den Männern. Auch befand sich ja unter ihnen deine heilige Mutter, deren Verdienste uns zukommen und deren Habit wir tragen. Die Welt irrt, wenn sie meint, daß wir nicht öffentlich für dich wirken dürfen, noch Wahrheiten aussprechen, um derentwillen wir im Geheimen weinen, und daß du,

---

* Vgl. C. Albrecht im Kapitel „Visionen“.

Herr, unsere gerechten Bitten nicht erhören würdest. Ich glaube das nicht, Herr, denn ich kenne deine Güte und Gerechtigkeit, der du kein Richter bist wie die Richter dieser Welt, die Söhne Adams; kurz, nichts als Männer, die meinen, jede gute Fähigkeit bei einer Frau verdächtigen zu müssen. Aber es wird der Tag kommen, mein König, wo dieses alles bekannt wird. Ich spreche hier nicht für mich selbst, denn die Welt kennt meine Schlechtigkeit, und das ist mir lieb. Aber ich werfe unserer Zeit vor, daß sie starke und zu allem Guten begabte Geister zurückstößt, nur weil es sich um Frauen handelt."

Hinter der Sorge um die Wirkungsmöglichkeiten der Frauen steht die Sorge um das Ganze, denn „die Welt steht in Flammen", und Teresa hat schlimme Dinge von den Hugenotten gehört, die sie „Lutheraner" nennt, so daß sie Gott beschwört, das tobende Meer zur Ruhe zu bringen, auf dem das Schifflein der Kirche unterzugehen droht.

Ihre Reformpläne treffen sich mit denen König Philipps II., der die seit dem 15. Jahrhundert allenthalben geforderten Ordensreformen nationalisieren will. Dadurch gerät er in ein Spannungsverhältnis zum Papst und bedient sich gern der guten Sache Teresas, die Reform und Gegenreformation verbindet. Teresa ihrerseits freut sich über die königliche Unterstützung, kann aber nicht verhindern, daß ihre neuen Klöster und Pläne fast zwischen den Mühlsteinen der Weltpolitik mit ihren Rivalitäten zerrieben werden*.

Der kluge Pater Domingo Báñez scheint solche Entwicklungen vorauszusehen, denn trotz seiner Unterstützung der Reform hält er sich mit der Lektüre und

---

* Vgl. E. Lorenz; Nicht alle Nonnen dürfen das.

Zensur des außerordentlich kämpferischen Büchleins, das er sich wohl anders vorgestellt hatte, völlig zurück. Teresa aber fordert von ihren Nonnen, ganz in der Sprache der Zeit, daß sie sich nicht „weibisch", sondern als „starke Männer" erweisen sollten. Untereinander aber gilt es, die Dreiheit von Demut, Liebe und Losgelöstheit zu verwirklichen. Wer immer dazu bereit ist, kann in die Klöster aufgenommen werden. Von Herkunft und Privilegien zu reden, verstößt gegen den Geist; es wäre besser, „es bräche ein Feuer im Kloster aus, das uns alle verzehrte".

Schwarze Ehre

Vor allem die Ehre darf im Klosterleben keine Rolle mehr spielen – dieser Gedanke zieht sich wie ein roter Faden durch die spirituellen Statuten, die das Büchlein für die Töchter darstellt. Teresa weiß wie üblich aus Erfahrung, wovon sie spricht. Im zweiten Kapitel ihrer Autobiographie berichtet sie von der amourösen Beziehung der Vierzehnjährigen zu dem Vetter – Anlaß für die Internatszeit – und meint, daß im Grunde kein Anlaß zur Sorge bestand, denn wenn sie schon bestrebt war, aus Gottesfurcht keine schweren Sünden zu begehen, so war sie noch viel besorgter um ihre Ehre, die sie „geltungssüchtig aufs äußerste liebte". Und später im 8. Kapitel, als sie vom Leben im Menschwerdungskloster spricht, verweist sie auf die Diskrepanz: „Man sollte meinen, wir hätten als Nonnen das Trachten nach Ehre hinter uns gelassen. Aber kaum, daß sie in einem Punke berührt wird, da vergessen wir auch schon, daß wir sie Gott übergeben haben, und wir wollen sie ihm wieder aus den Händen winden, um uns damit zu brüsten."

Teresa weiß um die verhängnisvolle Macht der spanischen Ehre, die sie mit reißenden Löwen vergleicht, die das eroberte Fleischstück verteidigen. Uns Heutigen ist die Rolle der Ehre für einen Spanier ihrer Zeit schwer verständlich, und doch ist ein solches Verstehen unerläßlich, sollen uns nicht große Teile der Persönlichkeit und des Werkes der Heiligen verschlossen bleiben.

„Stolz wie ein Spanier", sagen wir heute, und wir meinen damit nicht Hochmut, sondern ein höchst ausgeprägtes Gefühl der persönlichen Würde und Ehre. Gewiß begegnen wir einer ähnlichen Haltung beim Adel des ganzen europäischen Mittelalters. Und noch in der Neuzeit duellierte man sich um der Ehre willen. Aber nirgends ging das in solche Extreme wie in Spanien. Meinte der Begriff ursprünglich die innere „Honorigkeit", die keine Privatangelegenheit war, sondern den sie Besitzenden der Gemeinschaft würdig machte, ja, von dieser für ihr ungefährdetes Bestehen gefordert wurde, sank er im Laufe der Zeit immer mehr zur Reputation herab, die im übrigen auch durch Geld zu gewinnen war. Teresas „Seele wird müde", wenn sie an die Zeit zurückdenkt, da sie der Täuschung dessen erlag, was die Welt Ehre nannte, zumal sie erkennen muß, wie es im „Weg der Vollkommenheit" heißt, „daß Geld und Ehre fast immer zusammen sind". Sie erfuhr es in ihrer eigenen Familie mit dem erkauften Adel, der durch zumindest vorgespielten Reichtum in seiner Ehrbarkeit zu beweisen war – Grund des finanziellen Ruins ihres Vaters.

Und doch war der ursprüngliche Begriff außerordentlich hoch anzusetzen und behielt diese Bewertung bei: In der mittelalterlichen Gesetzessammlung der spanischen „Siete Partidas" gibt es einen berühmten

Abschnitt, der den Ehrverlust mit dem Tod gleichsetzt, mehr noch, wer seine Ehre verliert, wäre besser tot! Und später im 17. Jahrhundert schreibt der Chronist Saavadra Fajardo, beileibe kein Phantast und Romantiker, „die Untertanen stellen die Ehre höher als Gut und Leben".

Der Islam kannte eine solche Bewertung der Ehre nicht, und da Ehre Gemeinschaft bildet, waren in Spanien sowieso die fremden Elemente von ihr ausgeschlossen, also Mauren und Juden. Vor allem ein Privileg des Adels, wurde sie doch – die großen Dramen des „goldenen Zeitalters" zeigen es – auch den Armen und Bauern zuerkannt, vorausgesetzt, sie konnten auf eine stattliche Reihe christlicher Vorfahren zurückblicken.

Im Laufe der Reconquista, die nicht nur Wiedereroberung bedeutete, sondern auch Vermischung des Einheimischen mit dem Fremden, wurde der Ehrbegriff in Spanien so hochgespielt wie in keinem anderen europäischen Lande. Cristiano viejo zu sein, altangestammter Christ, bedeutete das gleiche, wie Ehre zu besitzen, obwohl die schlimmsten Ehrhändel nicht dem religiösen Bereich entstammten, sondern der vom Verhalten der Frau abhängigen Familienehre. Aber wie auch immer, Lope de Vega stellt für das Theater fest: „Die Ehrenkonflikte liefern den besten Stoff, denn sie bewegen jedermann" (Arte nuevo de hacer comedias). Doch weiß er dieses Sujet mit bitterer Kritik darzustellen, wie auch der spätere Calderón, der in einem seiner großen Dramen ausruft: „O tyrannischer Irrtum der Menschen! O schauderhaftes Weltgesetz!" (A secreto agravio secreta venganza.) Und wiederum Lope in einem Sonett: „Ehre, zu unsrem Schaden eingeführt in die immer irrenden Gesetze dieser Welt ..."

Schon lange vor diesen großen Dramatikern kritisiert Teresa das Gesetz der Ehre! Um den Unwert der ganzen, auf weltlicher Eitelkeit beruhenden Vorstellung zu zeigen, nennt sie sie schwarz – hat doch der Teufel sie erfunden: „Bedenkt aber, Schwestern, daß uns der Teufel nicht vergißt. Auch für die Klöster erfindet er seine Ehrenpunkte und zwingt seine Gesetze auf. Wolle Gott, daß keine Seele verderbe durch die Beachtung dieser schwarzen Ehransprüche!"

Und weiter heißt es im „Weg der Vollkommenheit", immer im Zusammenhang mit dem Wort des Vaterunser, „wie auch wir vergeben unseren Schuldigern": „Christus weiß, wie sehr wir diese schwarze Ehre lieben, weshalb uns nichts so schwer fällt wie das Verzeihen und nichts dem Vater lieber ist."

Immer wieder betont es Teresa: wenig bedeutet es, um der Liebe des Herrn willen Ehre und Leben zu verlieren, so daß nun nicht mehr Ehre in der einen Waagschale liegt und Leben in der anderen, sondern Ehre und Leben zusammengeworfen werden und wenig Gewicht haben im Vergleich zur Gottesliebe. Die Gottesliebe aber sucht nur noch die Ehre und die Verherrlichung des Herrn. Dieses Wissen hat Teresas Leben verwandelt, und sogar leicht und scherzhaft kann sie das Thema behandeln, als sie Sicherheit gewonnen hat. Sie selbst erzählt es im Buch der Klostergründungen. Als das erste Mönchskloster in Duruelo durch Johannes vom Kreuz und den ehemaligen Prior der „Beschuhten" von Medina gegründet ist, trifft sie letzteren, den Pater Antonio de Heredia, beim Fegen vor dem Kirchenportal. Nun gehörte körperliche Arbeit zu dem, was einem Christen von guter Herkunft Schande bereitete. Darum sagte sie leichthin: „Was sehe ich, Pater? Was haben sie mit der Ehre gemacht? – Und er wollte mir mit seiner Antwort die große Zufriedenheit zu verstehen geben, die er empfand, als er sagte: Verdammt soll die Zeit sein, in der ich sie besaß!"

Als sie dann die Kirche betritt, findet sie die beiden Kaufleute (Conversos!), die sie bei dieser Gründung begleiteten, ganz in Tränen aufgelöst, solch eine Atmosphäre hatte Johannes vom Kreuz dort mit seinen Kruzifixen geschaffen. Teresa erzählt diese beiden Ereignisse unmittelbar hintereinander, um zu zeigen, was Gottes Ehre ist. Vier Jahre nach dieser Gründung wird ihr Christus erscheinen und wie ein spanischer Edelmann von der Ehre sprechen. Aber seine Ehre ist nicht die der Welt. Zur Welt gehört die schwarze Ehre, und wenn Teresa „Welt" sagt, von der sie sich zu lösen trachtet, so meint sie damit weder die Schöpfung noch einfach das „Außen" im Gegensatz zur Innerlichkeit. Teresa liebt die Schöpfung, in der sie die Spur Gottes findet, aber sie möchte zugleich mit dem Götzen „Ehre" alles meiden, was als Scheinwert von Gott wegführt. Welt ist für sie das Gottferne, das Gottwidrige, und das ganze menschliche Leben nimmt ohne Gott den Charakter des Illusionären an. Es geht darum, die Illusion schwarzer Ehre und trügerischer Werte zu enthüllen, aus dem Traum zu erwachen, als den Teresa schon ein Jahrhundert vor Calderóns berühmtem Drama „Das Leben ein Traum" das irdische Leben bezeichnet, das verblassen muß vor der Wirklichkeit Gottes: „Ich stelle mir vor, ich hätte in einem Traum gelebt und sähe beim Erwachen, daß alles nichts ist", schreibt sie im dritten Erfahrungsbericht, so wie später Calderóns Segismundo erkennt: „Denn alles Leben ist Traum und Träume sind Träume." Bei Teresa freilich bezieht sich das „alles" des Zitats auf angetanes Unrecht – Gottwidriges wiederum. Aber auch Calderóns

Held erkennt, daß gutes Handeln nicht wie der Traum beim Erwachen vergeht, daß die Liebe bleibt – weshalb auch im „Großen Welttheater" die Gnade immer wieder rät: „Handle gut, denn Gott ist Gott." So bittet Teresa ihre Töchter, „mannhaft zu kämpfen im Traum dieses elenden Lebens", um nicht dem trügerischen Streben nach „Macht und Ehre dieser Welt" zu erliegen. Kämpfen heißt: sich mutig in die Arme des Herrn zu werfen und mit der Braut des Hohenliedes zu sprechen: „Mein Geliebter ist mein und ich bin sein!" Nur so erschließen sich die Tiefen der „Inneren Burg".

Ärger mit Prinzessin Eboli

Bis Báñez im Juli 1575 sein berühmtes Urteil über die Autobiographie schreibt, haben die Ereignisse sich überschlagen. Teresa ist in ihr siebtes Lebensjahrzehnt eingetreten und braucht ihre illusionslose Festigkeit. Immer neue Anzeigen sind bei der Inquisition eingelaufen, die auf die Intrigen einer einzigen Person zurückgehen: Prinzessin Eboli. Sie spielt ganz ohne Schiller aus freien Stücken ein Drama, dessen erster Akt im Jahre 1568 auf dem Schloß des Fürstenpaares in Pastrana beginnt, wohin Teresa von Ruy Gómez und Ana de Mendoza, bekannt als Prinzessin Eboli, eingeladen wurde. Es geht um die Stiftung eines Klosters, die Verhandlungen gestalten sich schwierig. Die Prinzessin, von Zeitgenossen als „schreckliche Furie" bezeichnet, sucht Wünsche durchzusetzen, die mit der Klosterregel unvereinbar sind. Doch weiß der besonnene Fürst zu vermitteln, so daß ein Jahr später in Pastrana ein Frauen- und ein Männerkloster bezogen werden können. Die Prinzessin betrachtet das Nonnenkloster als ihr Eigentum. Sie hat bauliche Veränderungen vornehmen lassen, die es so eng gestalten, daß die Nonnen sich zu Recht beklagen. Zugleich versucht die Eboli auch menschlich private Wünsche durchzusetzen. Eine ihr befreundete Augustinerin soll zu den Unbeschuhten Karmelitinnen überwechseln. Teresa aber hält diese Nonne für ungeeignet. Sie holt sich Unterstützung bei Báñez, der ebenfalls meint, ein Ordenswechsel bedürfe einer langen Prüfung. Die Prinzessin empfindet die Ablehnung als Staatsverbrechen. Doch Teresa nimmt lieber den Zorn dieser 25 Jahre jüngeren Stifterin in Kauf, als daß sie ihren Töchtern die Unannehmlichkeiten zumutet, die sie im Zusammenleben mit der Augustinerin voraussieht.

Prinzessin Eboli, deren Geltungsdrang den Machtkampf mit Teresa genießt, fügt sich dem Urteil des Magisters Domingo Báñez, sinnt aber auf Rache. Der zweite Akt beginnt. Als sie erfährt, daß Teresa das Manuskript ihrer Autobiographie bei sich hat, verlangt sie es zu lesen. Anderen Damen des Hochadels war dieses Privileg schon zuteil geworden, aber diesmal warnt Teresa ihr Gefühl, und sie verweigert die Herausgabe. Doch als sich der Ehemann Ruy Gómez, besonnener Herrscher von Pastrana, ebenfalls für den Wunsch seiner Frau verwendet, kann Teresa nicht mehr anders, sie muß das Manuskript ausliefern, läßt sich jedoch vom Fürstenpaar das Ehrenwort geben, daß außer ihm niemand das Geschriebene zu sehen bekommt.

Bald zeigt sich, was vom Wort der Prinzessin zu halten ist: Sie hat die Blätter an ihr Personal verteilt, Köchin, Kammerfrau und Kellermeister amüsieren sich köstlich über die Visions- und Ekstasenberichte, das Schloß hallt wider von ihrem Gelächter! Man hört es bis Madrid. Inquisitorische Wolken am Horizont. Der dritte Akt: 1573 stirbt der Fürst. Zwei Patres aus dem neugegründeten Pastrana-Kloster leiten die Trauerfeierlichkeiten. Am Sarge ihres Mannes beschließt Prinzessin Eboli, Karmelitin zu werden, und zwar sofort! Der arme Pater Mariano muß seinen Habit ausziehen, den sich die Prinzessin anlegt, mag ihm nichts weiter bleiben als das Hemd! Dann läßt sich Ana de Mendoza im Kloster nieder, im 5. Monat schwanger und mit Dienerinnen, die auch alle gleich als Nonnen eingekleidet werden. Sie verlangt Befehlsgewalt, will im Konvent leben wie im Schlosse, zwingt alle Schwestern, nur kniend mit ihr zu sprechen.

Letzter Akt: Teresa, entsetzt, tritt ihr energisch entgegen. Die Prinzessin sagt: „Das Kloster gehört mir!" Teresa kontert: „Aber nicht die Nonnen!" Ein Streit der Königinnen. Teresa bittet König Philipp um Hilfe, ultima ratio! Der ordnet an, daß die Prinzessin sich in ihren Palast zurückzieht. Sie tut es nicht eben ungern, gewinnt sie doch so alle Bequemlichkeit zurück und kann dabei doch ihr Treiben – das Hineinregieren ins Klosterleben – fortsetzen. (Erst drei Jahre später wird sie an den Hof von Madrid ziehen, wird, man sagt es, Philipps „Favoritin", intrigiert nun nicht mehr im Kloster, sondern risikoreich in der Weltpolitik.) Schön war sie, berichten Zeitgenossen, reizvoll selbst die herzförmige Augenklappe der Einäugigen. Schön und hemmungslos, die Großen dieser Welt hatte sie zu Freunden. – Teresa erkennt: Es gibt nur einen Ausweg: Flucht!

Báñez stimmt zu, auch seine Mitbrüder, die einflußreichen Fernández (Provinzial) und Hernández del Castillo, Beichtvater des Königs. Bei Nacht und Nebel verlassen die Unbeschuhten Karmelitinnen Pastrana, nach Segovia geht die Reise, so provisorisch das neue

Kloster dort auch noch sein mag. Ende mit Schrecken statt Schrecken ohne Ende.

Nun aber das berühmte Nachspiel: Das von der Eboli inszenierte Gelächter über Teresas Autobiographie bekam bald bösartigen Klang. Die Inquisition mußte hellhörig werden, verlangte das Manuskript. Noch ehe Teresa das erfährt, hört es Domingo Báñez, weiß, daß die Prinzessin selbst direkte Anzeige erstattet hatte. Voller dunkler Vorahnungen hatte er schon begonnen, die kursierenden Blätter zu sammeln. Nun nimmt er das Manuskript und geht damit selbst zum Inquisitionstribunal, nicht ohne einige Änderungen und erklärende Randbemerkungen eingefügt zu haben. Wie er gehofft hatte, gibt man es ihm zur offiziellen Zensur zurück.

Aus seinem Gutachten zur Seligsprechung wurde schon zusammenfassend zitiert (S. 98). Doch was er am 7. Juli 1575 darin für und über Teresa schrieb, zeigt nicht nur den klugen Zensor, sondern auch den Kenner und Verehrer der Teresa. Immer wieder hebt er ihre persönlichen guten Eigenschaften hervor, die sie zu einer vorbildlichen Christin machen: Wahrhaftigkeit, Gehorsam, Bußfertigkeit, Geduld, Nächsten- und Feindesliebe. Ihre Erfahrung im Beten, die sie vielen Gelehrten überlegen macht und die sie bei aller Klugheit noch in Demut wachsen läßt. Immer suche sie Rat bei Theologen, auch wenn sich oft zeige, „daß diese aus Mangel an Erfahrung nicht das Rechte treffen". Und so bedenklich einerseits auch viele Visionen und Offenbarungen sein mögen, jedenfalls bei Frauen, die leichtgläubig sind und sich gern für heilig halten, muß man doch auch zugeben, daß wahre Heilige, wie Caterina von Siena, Gertrudis, der heilige Franziskus und der heilige Dominikus ebenfalls von solchen Visionen und Offenbarungen heimgesucht wurden. Ja, der große Thomas von Aquin erkannte, daß diese Erscheinungen von einem Wachsen im christlichen Lieben und Glauben begleitet waren. Und schließlich gibt es in der Heiligen Schrift ja auch die Propheten. Man muß, so fährt Báñez fort, sich auch vor Weltleuten in acht nehmen, die gern den Heiligmäßigen verleumden, man muß das Absurde einer Argumentation sehen, die den Weg des Gebets für gefährlich erklärt, die breiten Straßen dieser Welt aber furcht- und gedankenlos benutzt. Kurz, Domingo Báñez kommt zu dem Schluß, daß er, obwohl „der Ungläubigste, was Visionen und Offenbarungen" betrifft, doch Teresas entsprechende Erfahrungen einschließlich der Ekstasen nicht verachten kann, ja, daß er „vermutet, sie könnten von Gott stammen, ganz wie bei anderen Heiligen." Allerdings, fügt er hinzu, muß man vorsichtig bleiben, denn der Teufel mischt sich gern ein, wo der Mensch sich zu sicher fühlt.

Als Teresa 1576 mit den Inquisitoren spricht, liegt diese Zensur schon vor und rettet die Autobiographie vor der Vernichtung. Aber überall stehen die Zeichen auf Sturm. Der schnelle erste Erfolg der Reform hat mächtige Feinde auf den Plan gerufen. Es ist kaum glaublich, was Teresa zwischen der Pastranagründung und der Inquisitionseinmischung geschaffen und bewältigt hat: sechs neue Klöster, ein Studienkolleg für die Unbeschuhten in Alcalá, Übernahme des Priorats im schwierigen Menschwerdungskloster (10. Juli 1571), Berufung des Johannes vom Kreuz dorthin als Kaplan und Beichtvater, erste und lebensentscheidende Begegnung mit Pater Jerónimo Gracián in Beas und Aufruhr der Beschuhten Karmeliten in Andalusien gegen seine Ernennung zum Provinzialvikar und Visitator seitens des Heiligen Stuhls, die Rettung ihrer „Meditationen zum Hohenlied“ durch die Beglaubigung, die Báñez drei Tage nach der Bestätigung der Autobiographie verfaßte. Und bei allem diesem Trubel, diesen Kämpfen, Gefährdungen und Emotionen – man hatte in Valladolid gerade wieder Nonnen verbrannt, als Teresa von mehreren Seiten angezeigt wurde – lebt sie gelassen den neuen inneren Zustand der Unio mystica.

Alles, was auf diesen Seiten geschrieben wurde, ist reine Wahrheit. Sie vertraut darauf, daß der Herr denen hilft, die ihm entschlossen dienen und ihn verherrlichen wollen. Sie denkt dann nicht an ihren Vorteil, es ist, als sei sie nicht. Gewöhnlich ist ihr Geist zum Lobe Gottes bewegt, und sie möchte um jeden Preis, daß alle Welt miteinstimme.

Johannes vom Kreuz – Weg zur Mitte

Teresas Erfolge verdichten sich. Johannes vom Kreuz, der erste unbeschuhte Karmelit, hat Ende November 1568 in Duruelo ein Männerkloster gegründet. Im Sommer 1569 erfolgen die erwähnten Gründungen in Pastrana, im Herbst ist das Nonnenkloster in Salamanca bezogen. Teresa errichtete ihre Klöster am liebsten in großen Zentren, die den Unterhalt begünstigten. Auch stellte sie ihr eremitisches Ideal gern auf eine Basis von Gelehrsamkeit und Bildung. Mit Hilfe des berühmten Herzogs von Alba und Unterstützung der vor allem an Hochschulen tätigen Dominikaner konnte sie auch in der humanistischen Hochburg Alcalá de Henares einen Lieblingsgedanken verwirklichen: Die Einrichtung eines Studienkollegs für Unbeschuhte (1570). Rektor wird der mit genialen Geistesgaben versehene Johannes vom Kreuz, mit seinen 28 Jahren für ein solches Amt durchaus bereitet.

Erst gut drei Jahre zuvor hatte Teresa diesen Karmeliten kennengelernt, der damals einen Ordenswechsel zu den kontemplativeren Kartäusern plante. Teresa vermochte ihn zu überzeugen, daß er in ihrem zu reformierenden Orden die allerbeste Verwirklichung finden könne. Johannes folgte diesem Rufe des größeren und schwereren Dienstes. Leicht sollte er es in dem neuen Ordenszweig wirklich nicht haben. Schon das ihm sehr entsprechende Rektorat in Alcalá ist nur von kurzer Dauer, doch auch Teresa wurde überrascht. Der ihre Reform favorisierende Dominikaner Pedro Fernández, Apostolischer Visitator der Karmeliten, visitierte im Juni 1571 das Menschwerdungskloster in Avila, Teresas gern verlassenen Ausgangspunkt. Er sieht die klare Reformbedürftigkeit dieses Klosters und ordnet an, Teresa solle ihr geliebtes San Josékloster verlassen und Priorin im Menschwerdungskloster werden. Das ist hart, zumal ein aufgezwungenes Priorat niemandem Freude macht.

Doch wieder bewährt sich hier Teresas Einfühlungsvermögen, ihr Geschick im menschlichen Umgang: Sie stellt das Bild der Muttergottes auf den Prioratsstuhl und sagt ihren überraschten Schwestern: „Der Gehorsam sendet mich in dieses Haus, damit ich Ihnen zu Ihrer Zufriedenheit diene, so sehr ich es vermag. Im übrigen kann eine jede von Ihnen mich lehren und reformieren. Darum überlegen Sie sich bitte, meine Damen, was ich auf Ihre Veranlassung tun kann. Ich werde alles guten Willens ausführen, selbst wenn ich mein Blut und Leben dafür geben müßte."

Gracián überliefert diese Rede, aber auch, daß Teresa harte Kämpfe durchstehen mußte, Besucher persönlich aus dem Hause werfen und ähnliches, denn natürlich ging es ihr gerade doch um ihre Reform. Sie erkennt schnell, daß sie in diesem Kloster einen starken Helfer braucht, einen Geistlichen und Beichtvater, dem die widerständigen Nonnen sowohl Respekt wie Liebe entgegenbringen können. Da gibt es selbstverständlich nur einen: Johannes vom Kreuz. In Duruelo wurde aus Juan de Santo Matía der Unbeschuhte Juan de la Cruz, der im März 1572 als Kaplan und Beichtvater im schwierigen Convento Santa María de la Encarnación eintrifft.

Die Heilige selbst wird nun sein „Beichtkind", er nennt sie „Tochter" – was ihr nicht unbedingt lieb ist – doch sie läßt sich von ihm mit großer Demut immer neue Läuterungsübungen auferlegen. Dazu muß man freilich wissen, daß nicht nur Johannes den Weg zum Himmel vor allem mit Buße und Läuterung gepflastert sah, sondern daß auch Teresa solche Kasteiungen liebte, weil sie eine sehr intensive Möglichkeit zur Ausübung ihrer Gottesliebe boten.

Teresa, ihrer Natur und Überzeugung entsprechend, gibt sich der Führung des Juan oder Johannes, der für sie, wie sie später dem König schreibt, „sein Leben lang ein Heiliger war"*, vorbehaltlos hin. Ähnlich wie Báñez ist Johannes sehr nüchtern an der Heiligen Schrift orientiert und dazu durch seine Studien in Salamanca auch der klassischen Scholastik verpflichtet. Er sieht in Teresas emotionaler Gottunmittelbarkeit eine Gefahr, liebt nicht die mystischen Phänomene, wenn er auch später anerkennt: „Sie (die Mutter Teresa) hat diese spirituellen Fragen bewundernswert behandelt" und die Lektüre

---

* Brief vom 4. Dezember 1577, als die „Beschuhten" Juan nach Toledo entführt hatten und ihn dort gefangen hielten. Kanonisation 1726.

ihrer gerade im Druck befindlichen gesammelten Werke empfiehlt (im „Geistlichen Gesang“).

Beide schätzen sich, lieben sich, haben es aber wegen der Verschiedenheit ihres Wesens nicht immer leicht miteinander. Juans nach innen gekehrte Verhaltenheit veranlaßt Teresa zu der scherzhaft gemeinten, aber doch harschen Kritik: „Es würde uns teuer zu stehen kommen, könnten wir Gott nur suchen, wenn wir der Welt schon abgestorben sind. Die Magdalena war es nicht, ebenso wenig der Samariter oder die kanaanäische Frau, als sie ihn fanden. Auch spricht er (Juan) viel vom Einswerden mit Gott in der Unio mystica. Wenn aber Gott einer Seele diese Gnade erwiesen hat, wird sie wohl nicht mehr vom Suchen reden, denn sie hat ihn ja gefunden. Gott schütze mich vor Leuten, die so geistlich sind, daß sie alles und jedes zu vollkommener Kontemplation erheben wollen.“ Es soll humorvoll klingen, aber man spürt den Ärger. Zusammen mit anderen geistlichen Freunden hatte sich Johannes auf Teresas Wunsch schriftlich zu den Versen „O Seele, suche dich in Mir“ geäußert, die Teresa im Gebet vernommen und zu einem ihrer schönsten Gedichte verarbeitet hatte. Leider ging der Text des Johannes verloren. Die ganze Bedeutung seiner geistigen und dichterischen Begabung entging der Ordensmutter, da er im wesentlichen erst nach ihrem Tode seine großen Werke zu schreiben begann (oder wagte?).

Aber auch er gibt sich als Beichtvater nicht zimperlich, wobei die humorvolle Milderung bei ihm überzeugender ist. Als Teresa ihm im Beichtstuhl ohne Umschweife erklärt, daß sie ihn liebe, antwortet er: „Bessern Sie sich!“ und einmal sagt er ihr (leider) im Beisein ihrer Nonnen: „Wenn Sie beichten, Mutter, so rechtfertigen Sie sich in entzückender Weise!“

Es muß anerkannt werden, daß sich Teresa trotz solcher Spannungen letztlich fügsam von dem gestrengen Ordenssohn führen ließ. Die Wirkung dieser Führung ist außerordentlich hoch zu veranschlagen, nicht nur, weil sie das Werk des Báñez an ihr fortsetzte: Johannes führte die Heilige wirklich zur geistlichen Vollendung, acht Monate nach seinem Eintreffen erfährt Teresa visionär ihre Aufnahme in die Unio mystica. Den Anstoß hatte wieder eine „Läuterungsübung" des Johannes gegeben, der beim Austeilen der Kommunion Teresa nur eine halbe Hostie reichte. Er kannte ihren kindlichen Wunsch nach einer möglichst großen Hostie, nach „viel Christus", der ihm als geistliche Habsucht erschien. So kommt es denn im Anschluß an die halbe Hostie zu jener schon erwähnten Christusvision, mit der Teresa ihre Aufnahme in die Unio mystica datiert: 18. November 1572 (25).

Aber auch der skeptische Psychologe muß sehen, daß hier mehr vor sich geht als die Kompensation einer emotionalen Enttäuschung. Die Worte, die Teresa von Christus vernimmt, die Überreichung des Nagels, zeigen klar die Richtung: „Vermählung" heißt, das stellvertretende Leidensschicksal teilen, bedeutet ein letztes und vorbehaltloses JA zu allem, was ihr auferlegt werden soll. Es ist der endgültige Abschied von den Annehmlichkeiten eines weltlichen Lebens mit seinen Maßstäben des Erfolges und der Ehre. „Meine Ehre ist deine Ehre und deine Ehre ist meine Ehre", sagt ihr Christus. Teresa hat schon im „Weg der Vollkommenheit" erläutert, was er damit meint:

„Der Herr weiß, was jeder tragen kann. An dem Starken wird er ohne Zaudern seinen Willen erfüllen. Ich möchte euch diesen Willen näher erläutern. Habt keine Angst, daß er euch Reichtümer geben wird oder irdische Freuden und Ehren, so wenig liebt er euch nicht. Er weiß sehr zu schätzen, was ihr ihm gebt, und möchte es euch zurückzahlen, so daß sein Reich zu euch komme, während ihr noch auf Erden lebt. Wollt ihr wissen, was er denen gibt, die wirklich seinen Willen tun möchten? Dann fragt seinen glorreichen Sohn, der im Garten von Getsemani betete. Was er entschlossen und von ganzem Herzen erbat, seht, wie es ihm erfüllt wurde durch Leiden und Schmerzen, Schmähungen und Verfolgung, kurz, bis zum Tod am Kreuz!"

Das ist die „eheliche Liebe" der geistlichen Vermählung, denn „meines Erachtens ist die Liebe das Maß für die Größe des Kreuzes, das jemand tragen kann".

Der Weg in die Unio mystica ist also, vordergründig gesehen, dunkel und steinig. Und auch am Ziel bleibt die irdische Unvollkommenheit bestehen, in der realistischen Sicht Teresas stärker als in der eher verklärenden des Johannes. Dafür gilt Johannes als Experte der harten Läuterungs-Nächte, so sehr, daß man zwischen ihm und Teresa immer wieder einen Gegensatz aufbaut, wie ihn ihr spanischer Herausgeber Pater Efrén OCD formulierte: Teresas Weg führt „durch das Wogen saftiger Wiesen", der des Johannes dagegen „über rauhe und nackte Felsen". Es gibt aber keine Mystik ohne Läuterungserlebnisse, nur darum konnten die Nächte des Johannes, die Vorläufer in der christlichen und islamischen Mystik haben, eine so anerkannte Bedeutung erlangen. Eine Teresa des üppigen Wiesenweges dürfte es kaum wagen, von Unio mystica zu sprechen.

Tatsächlich aber wird oft übersehen, daß Bilder nicht die Erfahrung selbst sind, sondern schon ihre Umsetzung. Die Nacht des Johannes vom Kreuz meint die bittere Erfahrung der Gottesferne durch alle

Schichten des menschlichen Seins, die nur möglich ist, weil ihr ein noch nicht realisierbares Wissen göttlicher Präsenz und göttlichen Wesens zugrunde liegt. Darum kann Johannes sagen, daß die dunkelste der Nächte, die passive Nacht des Geistes, „ein Wirken Gottes in der Seele“ ist, der sie „sowohl durch Läuterung wie durch Erleuchtung für die Liebeseinung“ mit sich bereitet. Die geistigen Läuterungen sind schmerzhaft, denn sie treffen den Personkern, die Mitte. Sie vertreiben Selbstgefälligkeit und Hochmut, zeigen den unendlichen Abstand zwischen dem eigenen Können, Wissen, Lieben und dem Gottes, den man für immer verfehlt zu haben glaubt. Darum wählte Johannes das uralte Gottessymbol des Lichtes, das zugleich ein Bild menschlicher Erkenntnis ist, und nennt das wirkliche oder vermeintliche Fehlen dieses Lichtes „Nacht“.

Das heißt nun aber nicht, daß Teresa, wenn sie nicht von Nächten spricht, keine Läuterungen erfährt. Damit sind jetzt nicht die von ihr geliebten Übungen gemeint, die letztlich weniger als Buße, als vielmehr als Einübung im Gehorsam vollzogen werden, hatte doch Gott ihr gesagt, daß er ihren Gehorsam mehr schätze als die Bußübungen der geistlichen Konkurrentin Catalina de Cardona! (20)* Nein, gemeint ist wie bei Johannes vom Kreuz das Durchleben eines unsagbaren Schmerzes (Läuterung), der zur Grundlage die Erfahrung einer alle natürlichen Kräfte übersteigenden Liebe hat. Nur daß Teresa diese ambivalente Gleichzeitigkeit nicht als Nacht/Licht darstellt, sondern im Bilde der Herzdurchbohrung zu fassen sucht, die sie zuerst visionär erfuhr und dann als immer wiederkehrendes Gefühl erlebte. Es ist charakteristisch für Te-

* Vgl. E. Lorenz, Nicht alle Nonnen dürfen das.

resa, auch für ihre heutige Wirkung, daß sie den Läuterungsvorgang nicht im Intellekt, sondern in der Sensibilität erfaßt, wobei wie bei Johannes der innerste Personkern betroffen ist.

Sie schildert die durch Berninis Darstellung berühmte Vision zuerst im 29. Kapitel der Autobiographie: „Ich sah einen Engel ganz leibhaftig zu meiner Linken, so körperlich pflege ich sonst in Visionen nicht zu sehen, es sei denn, durch ein Wunder. Denn wenn sich mir auch schon oft Engel darstellten, sah ich sie doch nicht. Aber der Herr wollte, daß ich folgende Vision hatte: Er war nicht groß, sondern klein und sehr schön. Sein Antlitz war so entflammt, daß es dem sehr hoher Engel glich, die alle ganz feurig scheinen, man nennt sie wohl Cherubim*. In den Händen des Engels sah ich einen goldenen Wurfpfeil mit feuriger Spitze. Ich hatte das Gefühl, daß er ihn mir mehrmals ins Herz stieß, so daß er mich durchbohrte. Beim Herausziehen schien er mein Innerstes mitzunehmen, und er ließ mich ganz entflammt in großer Gottesliebe zurück. So gewaltig war der Schmerz, daß er mir ein Stöhnen entlockte, und so unsäglich seine Süße, daß man ihn weder je hätte missen mögen, noch könnte sich von nun an die Seele mit weniger als Gott zufrieden geben. Es ist kein körperlicher, sondern ein geistiger Schmerz, wenn auch der Körper in gewissem Sinne daran teilhat; eine so liebliche Liebkosung, die Gott und die Seele austauschen, daß ich ihn in seiner Güte anflehe, sie auch den spüren zu lassen, der glaubt, daß ich lüge.

Während der Tage, da dieses Gefühl andauerte, ging ich wie benommen umher. Ich wollte weder sehen noch sprechen, sondern meine Qual umarmen, die für

---

* Báñez vermerkte hier im Manuskript: Seraphim.

mich die größte Herrlichkeit der Schöpfung war. So ging es mir dann noch ein paarmal, wenn es dem Herrn gefiel, mir diese großen Ekstasen zu senden, denen ich auch in der Öffentlichkeit keinen Widerstand leisten kann, so daß sie zu meinem großen Kummer beginnen, ins Gespräch zu geraten. Nach solchen Ekstasen ist dieser beschriebene Schmerz weniger spürbar."

Im Grunde bewegt die Vision, wie Teresa bemerkt, sich schon an der Grenze zur Ekstase, denn ihre Ursache ist ein übermächtiges Gefühl:

„Gestern abend, als wir alle zusammen waren, sang jemand ein Liedchen von dem Leiden, hier fern von Gott leben zu müssen. Ich war schon innerlich in einer Leidensverfassung, da war der Eindruck des Liedchens auf mich so stark, daß meine Hände zu erstarren begannen, mir nützte kein Widerstand, denn ebenso, wie ich manchmal vor Glück in Ekstasen falle, wird auch durch großen Schmerz die Seele so außer sich versetzt – bis heute habe ich dieses Geschehen nicht recht verstanden."*(13)

Das Liedchen könnte eine Anspielung auf ihr eigenes berühmtes Gedicht mit dem Kehrreim „daß ich sterb', weil ich nicht sterbe" sein, zu dem ihr ein weltliches Liebeslied (von Meneses) die Anregung gab. Ein Gedicht, das um den Schmerz kreist, erst im Tode ganz mit Gott vereint werden zu können und doch dieses irdische Leben nicht fliehen zu dürfen – auch hier eine Ambivalenz, die erst die ganz reife Teresa überwindet, die Teresa der Unio mystica. Auf dem Weg dahin wird die Liebe als Schmerz erfahren, so wie beim Johannes das Licht als Nacht. In Cuenta 54, dem großen Bericht

* Die Sängerin war die schon erwähnte Isabel de Jesús (Jimena), die in den Akten für die Seligsprechung den Vorfall berichtet, vgl. Literaturnachweis.

mystischer Erfahrung, nennt Teresa diesen Schmerz einen „Impetus“, ein Außersichsein, das an die Qualen der Hölle heranreicht:

„Es handelt sich um keinen sinnenhaften, körperlichen Schmerz, die Wunde ist vielmehr ganz unstofflich im Innern der Seele. Im Grunde kann man von diesen Dingen weder sprechen noch schreiben, weil sie unmöglich zu verstehen sind, wenn man sie nicht selbst erfuhr. Vor allem, welch einen Grad dieser Schmerz erreichen kann, denn die Qualen des Geistes unterscheiden sich sehr von dem, was man sonst kennt. Ich schließe daraus, wieviel mehr die Seelen in der Hölle und im Fegefeuer leiden müssen, als wir es uns mit unseren Vergleichen körperlicher Leiden vorstellen können.“

Bezeichnenderweise vergleicht Teresa die Erfahrung mit den Schmerzen der Gottesmutter, die von der Tradition ebenfalls im Bilde der Herzdurchbohrung dargestellt werden. Es ist jetzt nicht mehr nur der Schmerz der unerträglich starken, von Gott geschenkten Liebe, die schon Kirchenväter wie Augustinus und Arnobius vom „himmlischen Amor“ sprechen lassen, dessen Pfeile so entflammen, daß die Ichsucht verbrennt und der Mensch zur Nachfolge Christi befreit ist*. Der Schmerz geht über in den der Gottverlassenheit, wie sie auch Jesu Mutter unter dem Kreuz empfunden haben mag und wie ihn Johannes vom Kreuz in seinen Nächten beschreibt. Teresa berichtet, daß der Herr der Seele „alle Seinsmöglichkeit nehmen will, sogar den Gedanken, daß ihr doch sein Wille das Leben gibt. Stattdessen fühlt sie eine so völlige Einsamkeit und Verlassenheit, daß es ganz unbeschreiblich ist. Denn

* Bei beiden in den Psalmenkommentaren.

alle und alles bereiten ihr Schmerz, kein Geschöpf steht ihr bei, und ihre Seele möchte auch nichts anderes, als bei ihrem Schöpfer sein. Das ist aber unmöglich, so lange sie nicht stirbt, und da sie selber sich den Tod nicht geben darf, stirbt sie, um zu sterben mit solcher Intensität, daß sie tatsächlich in Lebensgefahr gerät. So hängt sie zwischen Himmel und Erde und weiß nicht, was sie mit sich tun soll" (54).

Entsprechend schreibt Johannes vom Kreuz in seinem Buch von der „Dunklen Nacht": „Was aber die Seele am meisten schmerzt, ist ihre feste Überzeugung, daß Gott sie verworfen habe, daß er sie voller Abscheu in die Finsternis verstoße. So erfährt sie das schwere und bewegende Leiden der Gottverlassenheit, und es scheint ihr, daß dieser Zustand ewig dauern werde. Auch von allen Geschöpfen fühlt sie sich verachtet und verlassen."

Wo Johannes vom Kreuz sagt „Finsternis", sagt Teresa „Herzdurchbohrung", sagt „Wunde", weil sie eine Einwirkung spürt, die außerhalb ihrer Macht steht und an Empfindungsstärke alles Bekannte übersteigt. Dabei erfährt sie zwei Arten der Gottesferne: Zum einen die des unaufhebbaren Getrenntseins durch dic irdische Bedingtheit, die seiner Absolutheit nicht gewachsen ist, zum andern die von Gott selbst zu ihrem Heil gewirkte, die als passive Läuterung zu den mystischen Erfahrungen gehört. Teresa spricht darum in der „Inneren Burg" von den Pfeilen, die Gott aus der Mitte schleudert. Diese zentrifugale Bewegung wirkt dem – vielleicht auch depressiven – Todeswunsch entgegen. Sie möchte nun „noch viele Jahre unter großen Mühen und Leiden leben", weil es nämlich „jemanden im Innern gibt, der diese Pfeile schleudert und dem Leben Leben schenkt". Im Zentrum der Burg – das ist ein verwandtes Bild – ist Gott anwesend wie eine Sonne: Finsternis der ungeläuterten, Licht der gereinigten Seele. Hier trifft sich die Bildwelt mit der des Johannes vom Kreuz. Teresas Antwort auf das wachsende Licht, auf die heilsame Wunde heißt: Leben wollen, um Gott zu dienen. So sagt ihr auch Christus im 42. Bericht: „Bedenke doch, Kind, daß du mir, wenn erst dein Leben vorüber ist, nicht mehr so dienen kannst wie hier und jetzt. Darum iß für mich und schlaf für mich, und alles, was du tust, sei getan um meinetwillen, so als lebtest nicht mehr du es, sondern ich, denn das ist es doch, was der heilige Paulus sagte." (Gal 2,20)

Erst in den jüngsten Ausgaben des spanischen Werks der Teresa de Jesús wird ein Gedicht aufgeführt, bei dem ihre Urheberschaft als unsicher gilt, das sich jedoch so lückenlos in die aufgezeigten Zusammenhänge einfügt, daß dadurch seine Herkunft aus Teresas Feder wahrscheinlicher wird. Es hat den Titel „Durchbohrung":

„Im tiefsten Seelengrunde
traf mich der Lanze Stoß,
wie göttlich war die Kunde
von Taten wundergroß!

Der Stoß zeugt eine Wunde,
die Wunde trägt den Tod,
doch aus dem Schmerz der Stunde
wächst Leben als Gebot.

Sie tötet und gibt Leben?
Gibt Leben, doch man stirbt?
Wie heilt und eint, was eben
verletzte und verdirbt?

So göttlich ist's gegeben,
daß sich aus bitterm Streit
wird im Triumph erheben
die Tat der Ewigkeit!"

Einige Jahre nach dem Tode Teresas schreibt Johannes vom Kreuz in seinem Gedicht über die „lebendige Flamme der Liebe":

„O innig empfundene Wunde!
O milde Hand, o zartestes Berühren, (...)
mit aller Vergebung im Bunde:
wie tödlich kannst du Tod zum Leben führen!"

Was ist Unio?

In einem ihrer Erfahrungsberichte, dem undatierten 65., äußert sich Teresa zur Frage, was Unio mystica sei. Sie zitiert, was Gott ihr darüber in „innerer Ansprache" sagte: „Du mußt nicht denken, Kind, daß Unio bedeutet, mich ganz nah zu haben, denn so haben mich, selbst wenn sie es nicht wollen, auch jene, die mich beleidigen (meine Gebote übertreten) – noch bedeutet es die Geschenke und Beglückungen beim Beten, auch nicht auf einer sehr hohen Stufe. Wenn ich dergleichen gebe, so ist es oft nur als Mittel gedacht, um Seelen zu gewinnen, gerade auch dann, wenn sie nicht im Gnadenstand sind."

Für die Unio mystica ist jedoch der Gnadenstand erforderlich, darum müssen ihm so lange und harte Läuterungsprozesse vorausgehen. Teresa erkennt, daß im menschlichen Geiste „nichts bleiben dürfe, was jenseits des göttlichen Willens wäre, so daß es in Gott nur einen Geist und einen Willen gebe, nämlich den seinen"

(65). Nicht minder klar sagt sie es im „Buch der Klostergründungen“: „Unio mystica ist Einswerden mit dem Willen Gottes. Das ist die Vereinigung, die ich euch allen wünsche, nicht die hingerissenen Verzückungen, die man auch mit dem Namen Unio belegt hat.“ Das bedeutet aber, daß diese Einung ganz allgemein das Lebensziel eines Christen sein soll und kann. Keine Esoterik, keine Ausnahmesituation. Die Erfahrung der Gotteinung verstärkt noch Teresas realistische Wesensseite, erfährt sie doch zusammen mit der Wirklichkeit Gottes auch die Würde und Bürde des Menschseins. Würde, weil er gottfähig ist, weil Gott in seiner Heiligen Trinität in ihm Wohnung nehmen kann, was das Stadium der „geistlichen Vermählung“ einleitet:

„Wir dürfen nicht meinen, unsere Seele sei etwas Winkliges und Begrenztes. Sie ist eine innere Welt mit vielen und schönen Wohnungen und vor allem mit einer Wohnung für Gott. Wenn es nun seiner Majestät gefällt, daß er ihr die Gnade der geistlichen Vermählung erweisen will, so holt er sie zunächst in diese seine Wohnung. Er nimmt der Seele die Schuppen von den Augen und zeigt ihr in einer geistigen, bildlosen Vision wahrhaftig die göttliche Trinität: Alle drei Personen in einem Lodern der Liebe, das ihren Geist zunächst wie eine lichte Wolke überlagert. So macht die Seele die wunderbare Erfahrung, daß diese drei Personen verschieden und doch nur eine Wesenheit sind, eine Macht und ein Wissen und ein einziger Gott. Alle drei göttlichen Personen teilen sich ihr mit, sprechen zu ihr und lassen sie die Worte des Evangeliums verstehen, mit denen der Herr sagte, er werde kommen mit dem Vater und dem Heiligen Geiste, um Wohnung zu nehmen in der Seele, die ihn liebt und seine Gebote hält (Joh 14,23).“

Und Bürde, weil zwar nicht die Sünde, wohl aber die Unvollkommenheit der menschlichen Existenz weiter besteht. Dabei unterscheidet Teresa stufenweise zwischen mystischer Verlobung und Vermählung:

„Darin unterscheidet sich die mystische Vermählung von der geistlichen Verlobung: Die geistliche Verlobung besteht in einem Wechsel von Vereinigungen und Trennungen; in der mystischen Vermählung dagegen bleiben Gott und die Seele immer im tiefsten Zentrum geeint.

Es könnte scheinen, als wolle ich hiermit sagen, die Seele sei ihres Heils mit dieser Gottesgnade gewiß und könne nicht mehr fallen. Ich sage nichts dergleichen. Wenn ich Aussagen mache, die so klingen, als befände sich die Seele in absoluter Sicherheit, so meine ich damit nur, so lange seine Majestät sie in seiner Hand hält und sie ihn nicht beleidigt. Ich weiß bestimmt, daß auch nach vielen Jahren die Seele sich nicht in Sicherheit wiegt, sondern daß vielmehr die Furcht in ihr wächst, Gott eine, wenn auch noch so geringfügige, Kränkung zufügen zu können. Auch ist ihr Wunsch, ihm zu dienen, so ungestüm, daß sie ständig darunter leidet, so wenig für ihn tun zu können in Anbetracht dessen, was sie für ihn tun möchte und sollte. Das ist kein kleines Kreuz, sondern harte Buße.

Man glaube nicht, daß in der Unio mystica die Seelenkräfte und Sinne und Leidenschaften immer in Frieden bleiben. Die Seele selbst dagegen, ihr Zentrum, ja. Es ist schwer, von diesem Zentrum unserer Seele oder unseres Geistes zu sprechen. Und ihr könntet versucht sein, meine Schwestern, mir nicht zu glauben, denn ich scheine mir ja zu widersprechen, indem ich sage, daß man in diesem Zentrum oder dieser mystischen Vermählung einerseits Mühen und Leiden hat, andererseits die Seele ganz in ihrem Frieden verbleibt.“

Entscheidend für Teresa ist das Mitleben und Mitwirken in der göttlichen Dreifaltigkeit, die ihrem Wesen nach den Sohn und somit auch Jesus Christus und sein menschliches Schicksal einschließt. Zuerst war es ihr schwierig, das Herz ganz dieser Dreifaltigkeit zu öffnen, da sie es doch Jesus Christus geschenkt hatte. Aber dann hilft ihr Gott, diese Hemmung zu überwinden:

„Die Anwesenheit der drei Personen in meiner Seele – diese alltägliche und ganz natürliche Gegenwart – machte mir zunächst Schwierigkeiten, da ich doch daran gewöhnt war, allein Jesus Christus bei mir zu haben; wenn ich auch weiß, daß die drei nur ein einziger Gott sind. Da sagte mir heute der Herr, daß ich einen Irrtum begehe, wenn ich mir die drei Personen leibhaftig und körperlich vorstelle. Die Realität sei ganz anders und für die Seele sehr beglückend, das müsse ich verstehen.

Da schien es mir, als würde mein Inneres von den drei Personen erfüllt, so wie sich ein Schwamm mit Wasser vollsaugt*; so konnte es sich in gewisser Weise der Gegenwart der trinitarischen Personen erfreuen.

Ich vernahm auch die Worte: Bemühe dich nicht, mich in dich einzuschließen, sondern geh in mich ein und laß dich umfangen von mir.

Und ich erfuhr, wie sich in meiner Seele die drei Personen allen Geschöpfen mitteilten, keines ausließen und doch mein Inneres nicht verließen.“ (15)

Die innere Erfahrung der göttlichen Dreifaltigkeit ist also von großer Dynamik. Teresas unermüdliche Zuwendung zu den Mitmenschen hat hier ihre geheime Ursache. Sie lebt das Leben der Heiligen Trini-

* Das Wasser ist Teresas Lieblingssymbol für Gott und seine Gnade.

tät, wird in sie hineingezogen, strömt aber auch mit ihr zu den Geschöpfen. Wohl sind die Erfahrungen der „siebenten Wohnung“ unsagbar beglückend, der Herr teilt den Frieden des Heiligen Geistes mit und eine solche Seligkeit, daß sie nur der „im Himmel“ verglichen werden kann. Und doch ist sie nicht das Entscheidende des mystischen Zustandes. Entscheidend ist das Umsetzen der Erfahrung in tätige Liebe: Denn „dahin, meine Töchter, führt das innere Gebet, und dazu dient auch die geistliche Vermählung, daß daraus Werke geboren werden, Werke!“ so heißt es im letzten Kapitel der „Inneren Burg“. Jedoch wird hier keinem Aktionismus das Wort geredet, denn die Heilige beeilt sich hinzuzufügen: „Der Herr sieht nicht so sehr auf die Größe der Werke wie auf die Liebe, mit der sie getan werden.“ Diese Liebe aber ist ein Zeichen innerer Verwandlung, wie sie im „Weg der Vollkommenheit“ ausgesprochen ist: Wenn wir unseren Willen dem Gottes anpassen, „so folgt daraus für den Allmächtigen nicht weniger, als daß es ihn drängt, in unsere Niedrigkeit einzugehen und uns in sich zu verwandeln, also die Einswerdung des Schöpfers mit dem Geschöpf zu vollziehen.“

Jerónimo Gracián, der Erwählte

Teresa ist auf der Höhe ihrer Liebesfähigkeit, als sie dem 30 Jahre Jüngeren begegnet. In brieflichem Kontakt hatten sie schon seit seinem Ordenseintritt 1572 gestanden. Sie mußte für ihn eine Art Mythos sein. Eigentlich wollte er Hochschullehrer werden, allenfalls Jesuit. Man schätzte ihn sehr in Alcalá de Henares, und an Beziehungen fehlte es Jerónimo Gracián auch nicht, denn der Vater war Sekretär des Königs. Aber eine

Schrift Teresas, ihre Gedanken zum ursprünglichen Karmelitenorden, dann einige Briefe und das Gespräch mit einer guten Priorin in Pastrana wandelten den jungen Geistlichen, der stets eine besondere Liebe zur Muttergottes im Herzen getragen hatte. Sie verschmolz nun mit seiner Vorstellung von der verehrten und bewunderten Teresa, deren Orden er wählte. Diese erkennt die ungewöhnliche Begabung des 27jährigen für sowohl Geistiges wie praktische Ordensdinge (ihre eigene bewährte Mischung) schon auf dem Schriftwege und überträgt dem kaum ins Kloster Eingetretenen verantwortungsvolle Aufgaben. Es sollte weiterhin sein Schicksal bleiben, mit Ämtern ungefragt betraut, unter Umständen auch überfordert zu werden. Sein Wesen mochte zu dieser Handlungsweise seiner Umwelt beitragen: mit einem Zug ins Geniale verband sich eine fröhliche Unbekümmertheit, etwas kindlich Offenes und Argloses. Später wurde das sein Verhängnis, mit Recht spricht die Teresa-Hagiographie von der Tragödie Graciáns.

Doch seine erste persönliche Begegnung mit Teresa steht trotz äußerer Schwierigkeiten unter einem glücklichen Stern. Sie fand im Jahre 1575 in Beas de la Segura statt, einem Ort, dessen Grenzlage zwischen Kastilien und Andalusien die Heilige in Schwierigkeiten gebracht hatte. Sie durfte nicht in Andalusien gründen, der „ungezähmtesten Provinz“, die Reformen des 15. Jahrhunderts getrotzt hatte. Für Teresa lag das neue Kloster in Kastilien, was auch landesrechtlich stimmte. Aber kirchenrechtlich gehörte es leider zu Andalusien, und darauf kam es bei der Klostergründung an. Als Teresa das erfuhr, war aber schon alles gelaufen, das Kloster in Beas bewohnt – sie mußte sehen, wie sie aus dieser Schwierigkeit herauskam, für die es seitens des Ordensgenerals kein Pardon gab.

Zur gleichen Zeit gerät auch Gracián in eine heikle Situation, und zwar ebenfalls in Andalusien, obwohl sein Kloster im kastilischen Pastrana liegt. Er kommt nach Sevilla, um dort eine „wilde" Klostergründung zu bereinigen, wobei er großzügig übersieht, daß General Rubeo „unbeschuhte" Klöster in Andalusien grundsätzlich verboten hatte. Dagegen freut sich der Apostolische Visitator für Andalusien, Francisco de Vargas OP, etwas von seiner Ämterlast auf fähige junge Schultern abwälzen zu können: Er übergibt Gracián das Breve Papst Pauls V., das dieses Amt verleiht, dazu das des Provinzialvikars. „Da stand ich nun mit meinen 28 Jahren", schreibt Gracián, „gerade erst Mönch geworden, und fand mich schon als Vorgesetzten der beschuhten Karmeliten in Andalusien und zwangsläufigen Gegner des Ordensgenerals." Er wird also ganz offensichtlich in Kompetenzstreitigkeiten zwischen dem Apostolischen Stuhl und der Ordensleitung in Rom hineingezogen, dazu noch der Feindschaft der „Beschuhten" ausgesetzt, die die Reform nicht wünschten, schon gar nicht von einer Frau und einem gerade erst aus dem Noviziat hervorgegangenen Mönch. Er wußte, daß „das eine Riesenlast war bci all den Rivalitäten und meinen geringen Kräften". Als er gerade beginnt, sich mit der Aufgabe zu befreunden, stirbt Paul V.! Gracián fährt nach Madrid, es könnte nun alles zu Ende sein. Aber statt ihn wieder in ein schlichtes mönchisches Leben zu entlassen, kommen König und päpstlicher Nuntius (Ormaneto) überein, Gracián noch mehr aufzuladen. Er wird wieder ernannt zum Apostolischen Visitator und Provinzialvikar sowohl der „Beschuhten" wie der „Unbeschuhten", dazu auch noch zum „Reformator" in Andalusien. Gracián würde gern ablehnen, andererseits brauchen die „Unbeschuhten“ seinen Schutz. So bittet er die Mutter Teresa um ein Gespräch, die ihrerseits wegen ihrer Beas-Schwierigkeiten Unterstützung sucht. Beide treffen sich im April 1575 in Beas.

Es ist ein Ereignis ersten Ranges. Gracián begegnet seinem menschlichen Ideal und darf trotz der dreißig Jahre Altersunterschied feststellen: „Sie hatte sehr anmutige Züge, die zu inniger Ergebenheit bewegten.“ Teresa findet einen Menschen, der ihrem sowohl verinnerlichten wie praktisch-realistischen Wesen entspricht. Einen Mann, der sie klug und sensibel versteht und der mit seiner Begeisterung für den Orden und die Arbeit des „Seelengewinnens“ der ideale Mitarbeiter werden kann. Schon lange ist sie auf der Suche, sie braucht außer Johannes vom Kreuz noch jemanden, der mehr als dieser als „Sohn“ noch von der Erfahrenen formbar ist und zugleich eine menschenzugewandte Dynamik entwickelt. Sie schreibt an eine befreundete Priorin: „Er ist vollkommen, einen besseren hätten wir uns nicht von Gott erbitten können.“ Und sie hofft, die Leitung der Häuser bald niederlegen zu können, „denn noch nie sah ich eine derartige Vollkommenheit vereint mit solcher Milde. Für nichts würde ich diese Zeit wieder hergeben“, ja, sie schreibt: „Es waren, glaube ich, die besten Tage meines Lebens!“

Schon drei Jahre zuvor, also zur Zeit des Ordenseintritts Graciáns, hatte Teresa brieflich bemerkt: „Der Herr gibt mir ständig eine schlechte Gesundheit, und doch kann ich alles tun“, worüber sie „lachen muß“. Es wurde allmählich wirklich zuviel, die 60jährige braucht dringend einen ihr nahstehenden Helfer. Aber in die objektiven Notwendigkeiten mischt sich auch das Persönliche. Beide sind im Innersten tief voneinander berührt, beide offenbaren sich einander wie sonst keinem

Menschen im Leben. Gracián erzählt später von dieser einmaligen Liebe, die ganz anders war, als was die „Welt" darunter versteht.

Teresa, Gottes leidenschaftliche Liebe als Mutter, Frau und „Tochter" verströmend, spricht gar von lebenslanger Bindung besonderer Art mit Gott als „Ehestifter". Gemäß der ihr nun schon vertrauten Unio mystica, die sie „geistliche Vermählung" nennt, ist für sie „Ehe" die absolute seelisch-geistige Übereinstimmung im Dienste des Herrn. Daß hier weltlichere Regungen mitspielen könnten, findet sie absurd. Der Pater ist in dieser Hinsicht vorsichtiger, muß es wohl auch sein. Er besitzt noch nicht Teresas fast problemlose „Harmonie zwischen affektivem und geistlichem Leben", die nach der Meinung eines heutigen Karmeliten, Otger Steggink, ihre aktuelle Bedeutung ausmachen.

So weit, so gut. Praktisch ist es schwieriger, denn Teresa, die theoretisch durchaus vorsichtig sein will, um nicht durch Mißverständnisse Anstoß zu erregen, bekundet tatsächlich doch ihre Liebe mit solcher Offenheit, daß es deshalb viel Ärger und Aufregung gibt, Neid auch auf Gracián und seinen steilen Aufstieg im Orden. Als wegen der Reform die Gegensätze aufeinandertreffen, sind immer wieder die Favoriten Johannes vom Kreuz und Jerónimo Gracián die Hauptopfer. Und stärker noch der über alles geliebte Pater Jerónimo de la Madre de Dios, so lautete Graciáns Klostername, den man, nachdem er zu Lebzeiten der „Mutter" zu höchsten Ehren aufgestiegen war, nach ihrem Tode aus dem Orden wirft. Nach türkischer Gefangenschaft in Nordafrika verbringt er den Rest seines Lebens im Orden der „Beschuhten", zuletzt in Brüssel*. Johannes

---

* Vgl. Erika Lorenz, „Nicht alle Nonnen dürfen das".

vom Kreuz, zurückhaltender von Natur und Teresa nie so nahstehend, erfährt ein nur wenig glimpflicheres Schicksal: man will ihn als Missionar nach Amerika abschieben, nur der plötzliche Tod durch eine Wundrose beläßt ihn in der Heimat.

Neid, Intrigen, Ehrgeiz, menschliche Grundeigenschaften, kann also die „Reform" nicht ausschalten. Um so mehr bemüht sich Teresa mit Hilfe Graciáns um die Arbeit an sich selbst. Wie es bei ihr üblich ist, wird das Verhältnis zum Pater in großen Visionen ausgedrückt und definiert. Sie erfolgen kurz nach der ersten Begegnung in Beas und finden sich in den Erfahrungsberichten:

„Ich sah mich an der Seite unseres Herrn Jesus Christus, so wie er sich mir darzustellen pflegt. Zu seiner Rechten stand eben jener Magister Gracián. Der Herr ergriff unsere beiden rechten Hände und legte sie ineinander. Dabei sagte er mir, es sei sein Wunsch, daß ich diesen mein Leben lang an seiner Statt annehme und daß wir deshalb in allem miteinander übereinstimmen sollten.

Ich war sicher, daß Gott in mir sprach, wenn mir auch das Befohlene schrecklich widerstrebte, denn ich dachte an meine beiden langjährigen Beichtväter, denen ich viel verdankte, besonders dem einen, dem ich sehr zugetan bin (dem P. Domingo Báñez OP). Aber ich konnte mich nicht überzeugen, daß es sich bei dieser Vision um eine Täuschung gehandelt hätte, so stark war die innere Wirkung" (29).

Man sollte meinen, Teresas Skrupel würden sich auf die Tatsache beziehen, daß sie Pater Gracián an Jesu Christi Stelle annehmen solle, daß hier eine „Ehe" gestiftet wird – denn die Vision ist hochzeitlich – die im Widerspruch zu stehen scheint zum Leben der Unio mystica. Aber nichts dergleichen, Teresa sorgt sich um Magister Báñez. Gemeint ist mit dieser „Ehe" nämlich nicht der Mann, sondern der Priester, Stellvertreter Christi als Sakramentenspender. Eigentlich ein selbstverständlicher Gedanke: Gracián schreibt später rückblickend, daß eine Frau ruhig ihre Schriften der Öffentlichkeit übergeben könne, trotz des Pauluswortes, sofern und „wenn ihre Beichtväter, die Gott selbst vertreten, es ihr befehlen".

Gewiß folgt Teresa der Vision nicht sofort und ungeprüft, zumal sie ihr doch zunächst „schrecklich widerstrebte". Sie sieht auch ihre Freiheit in Gefahr, ihre ganze geistliche Reife als Gottliebende und in geistlichen Dingen durch ihre Erfahrungen dem jungen Pater Überlegene. Dennoch nimmt sie die Vision ernst und verwirklicht sie, als ihr ein wenig später in einer weiteren übernatürlichen Erfahrung klar wird, daß es sich um einen Dienst handelt, den sie dem Heiligen Geist darzubringen hat (30). Zum Zeichen der Wahrheit fühlt sie jenen tiefen Frieden, den nur der Heilige Geist, nicht aber der Teufel, verleihen kann (29). Teresa legt darum „als Dienst, den sie dem Heiligen Geist erweisen will", gegenüber dem Pater Gracián als Beichtvater und Seelenführer ein absolutes Gehorsamsversprechen ab, verbunden mit der Notwendigkeit, ihm nichts zu verbergen, wie beschämend es auch immer sein möge: „Kurz, ihn innerlich und äußerlich an Gottes Stelle anzunehmen."(30) Eine schwierige Situation für beide, unmöglich, besäße nicht der Pater eine gewisse heitere Nonchalance. In vollem Bewußtsein seiner „Unwürdigkeit", des Abstandes zwischen seinen eigenen Möglichkeiten und denen der „heiligen Mutter", lenkt er sie so, wie er meint, daß der Herr sie gelenkt haben wolle; er erlegt ihr die von ihr ersehnten „Läuterungsübungen“ auf, die nicht immer ohne Humor sind, wie z. B. der Auftrag, sich vom mäßig begabten, aber strengen Juan de la Miseria malen zu lassen – eine Sitte, die sonst an weltliche Eitelkeit gebunden ist und Teresas Demutsideal widersprach. Hinzu kam dann, schlimmer, daß auch ihre weibliche Eitelkeit tief gekränkt war, als sie sich „häßlich und triefäugig“ gemalt sah!

Aber so ansprechend solche Szenen auf den ersten Blick sind, so fremd ist dem modernen Verständnis diese Gesamtübergabe Teresas, es sei denn, man sähe darin einzig den Nachholbedarf an gelebter Weiblichkeit – der gewiß auch eine wichtige Rolle spielte. Doch von Teresa her betrachtet ging es um mehr: Sie hatte sich, wie Cuenta 30 zeigt, überlegt, was sie am ehesten noch an sich verbessern müsse. Für sie als Gründerin und Leiterin eines neuen Ordenszweiges, als stets unter Ihresgleichen Überlegene, war das dritte der Ordensgelübde, der Gehorsam, keine Selbstverständlichkeit. Sie wird freilich später noch Gelegenheit bekommen, ihn zu beweisen, als man ihr für Jahre das Reisen und Gründen verbietet. Aber als sie Gracián kennenlernt, ist es noch nicht so weit. Dennoch scheint diese Übung ein wenig zu äußerlich, oberflächlich gegenüber der tiefen, ja, gefährlichen Bindung, auf die sie sich einläßt. Hier muß noch etwas Wesentlicheres im Spiele sein, vielleicht nicht einmal bewußt.

Ein Blick in die „Cuentas de Conciencia“ zeigt, daß zur Zeit der großen Gracián-Visionen und der inneren Übergabe an ihn die Unio mystica sich keineswegs lokkert. Immer wieder in neuer innerer Schau zeigt sich die Einwohnung der Heiligen Dreifaltigkeit, bewährt sich der unmittelbare Kontakt zu Jesus Christus. Aber Teresa weiß auch, was sie schon drei Jahre vor ihrer

„geistlichen Vermählung" bekannt hatte: „O mein Jesus, so groß ist deine Liebe zu den Menschenkindern, daß man dir am tiefsten verbunden ist, wenn man sich nicht dir, sondern ihnen zuwendet." Mehr noch, man könnte vermuten, daß sich in Teresa das mystische Gespür entwickelt hat, das ihr sagt, eine volle Gotteinung und Gotteserfahrung sei nur möglich in einem absoluten Sichlassen, Lassen also auch aller persönlichen Gottesbilder. Etwa das, was Meister Eckhart – den Teresa nicht kannte – meinte, wenn er sagte, nur im geistlich Armen könne Gott ganz anwesend sein, was aber erst möglich wird, „wenn der Mensch so ledig steht Gottes und aller seiner Werke, daß, wollte Gott in der Seele wirken, er dann selbst die Stätte sein müßte, darin er wirken möchte, und das täte er gewiß gerne.(...) Darum bitte ich Gott, daß er mich Gottes quitt mache."*

Nicht daß Teresa so denken und sprechen würde. Aber ein heimliches Spüren konnte sie veranlassen, Christi Menschwerdung so ernst zu nehmen, daß sie es wagte, das ganze Gewicht ihrer geistlichen Entwicklung in den menschlichen Raum zu verlagern, im Gehorsam einem Menschen gegenüber Gottes Weisung als reines Dunkel zu erfahren.

Sie stellt den Willen ihres Beichtvaters über die Eingebungen der inneren Ansprachen und Visionen: „Sobald ihre Seelenführer – Beichtväter und Obere – ihr sagen, womit sie Gott besser dienen könnte, setzt sie es sogleich ins Werk, denn sie vertraut darauf, daß der Herr denen hilft, die ihm entschlossen dienen und ihn verherrlichen wollen" (53), schreibt sie 1576 in Sevilla. Daß sie sich hier befindet, und zwar inmitten größter

* Predigt über Matthäus 5,3, Warum wir sogar Gottes ledig werden sollen.

Schwierigkeiten, verdankt sie eben diesem Prinzip und ihrer Unterwerfung unter Gracián. Es war die Frage gewesen, ob man die nächste Gründung in Madrid oder in Sevilla vornehmen wolle, und zwar, nachdem die andalusischen Schwierigkeiten bereits offenbar waren. Es gab dort schon vier Klöster gegen den Willen des Generals, aber mit Zustimmung des Apostolischen Visitators, der ja niemanden anders als den Papst vertrat. Gracián berichtet:

„Während unseres gemeinsamen Aufenthaltes in Beas zeichnete sich die Möglichkeit ab, in Madrid oder Sevilla ein Nonnenkloster zu gründen. Es war nicht einfach für mich, zu erkennen, zu welcher Möglichkeit die Mutter mehr neigte. Darum bat ich sie, sich doch darüber mit unserem Herrn zu besprechen. Sie tat das drei Tage lang und sagte am Ende, der Herr habe sich für Madrid erklärt. Ich aber antwortete darauf, wir wollten in Sevilla gründen, und sie gehorchte mir. Als ich sie fragte, warum sie mir denn nicht widersprochen habe, da sie doch durch die Versicherung vieler gelehrter Theologen wisse, daß der Geist Gottes aus ihr spreche, während mein Befehl nur meiner persönlichen Meinung entsprungen war, ganz ohne daß ich darüber gebetet hätte, antwortete sie: ‚Der Glaube sagt mir, daß alles, was Euer Hochwürden mir befehlen, dem Willen Gottes entspringt. Meiner inneren Offenbarung dagegen bin ich mir nicht so sicher.‘ “

Aber nicht immer war das alles bitter ernst. Gerade der „Esprit“ des Paters, seine Leichtigkeit und sein Humor, verbunden mit kluger, respektvoller Einfühlung, machten es Teresa möglich, ihrem Wesen treu zu bleiben. Graciáns Erzählung zeigt es:

„Es war mir oft so gegangen, daß ich nach einer Besprechung mit ihr entgegengesetzter Meinung war, über Nacht aber meine Ansicht änderte. Ging ich dann zu ihr und sagte, es sei doch alles richtig gewesen, so wie sie es vorschlug, lächelte sie. Auf meine Frage, was denn sei, antwortete sie, der Herr habe ihr schon gesagt, daß ich mich ihrer Meinung anschließen würde. Wenn ihr Vorgesetzter ihr das Gegenteil von dem befehle, was sie für richtig halte, so gehe sie zu unserem Herrn und spreche zu ihm: ‚Herr, wenn Du auch für richtig hältst, was ich möchte, so wende das Herz meines Vorgesetzten, auf daß er es befiehlt, so daß ich im Gehorsam bleiben kann.'"

Pater Jerónimo war im Grunde erschrocken, als sie sich seiner Entscheidung für Sevilla fügte, da offensichtlich diesmal Gott sein Herz nicht gewendet hatte. Und tatsächlich erwies sich die Entscheidung als schlimm: beide hatten den Ordensgeneral gegen sich aufgebracht und dann keinen Schutz mehr, als nach dem Tode des päpstlichen Nuntius Ormaneto ein anderer kam, Sega, mit dem der Wind sich drehte. Fast wäre Teresas Lebenswerk in den nun folgenden Kämpfen untergegangen. Daß der Nuntius sein berühmt-berüchtigtes, aber oft zu kraß überliefertes Wort noch im Jahre 1578 sprechen konnte, zeigt, welchen Verfolgungen Teresa damals ausgesetzt war. Sagte doch selbst dieser hohe Würdenträger, sie sei „eine ruhelose Vagabundin, widerspenstig und verstockt, die unter dem Deckmantel der Frömmigkeit schlechte Lehren erfindet, sich entgegen den Anordnungen ihrer Vorgesetzten und des Tridentinums außerhalb der Klausur bewegt und doziert wie ein Professor, obwohl der Apostel Paulus den Frauen eine öffentliche Lehrtätigkeit verboten hat"*. Andere meinten gar, sie wolle in

* Spanischer Text bei Santa María, Reforma.

ihren Häusern „aus jungen Mädchen leichte Mädchen machen". Teresa trägt alle diese Verfolgungen in demütiger Gelassenheit, freut sich über jeden Anlaß zur Kreuzesnachfolge.

Gracián verhält sich trotz manchen Leichtsinns letztlich doch so klug, daß die schwere Krise überwunden wird und 1581 ein Sieg zu feiern ist: Teresas „Unbeschuhte" erhalten eine eigene Provinz mit Gracián als Provinzial. Teresa jubelt, unbekümmert um die Tatsache, daß in den päpstlichen Schreiben und bestätigenden Dokumenten von ihr überhaupt nicht die Rede ist. Von „Mönchen" nur wird allgemein gesprochen, männlichen Reformern, die Frau ist zu verbergen.

Es ist Gracián hoch anzurechnen, daß er entgegen seiner Zeit stets den Frauen alle geistigen und geistlichen Fähigkeiten zuerkannte. Nach Teresas Tod schrieb er darüber eine gelehrte Abhandlung, in der er zunächst von den natürlichen Gaben berühmter Frauen spricht – Dichterinnen, Philosophinnen –, um dann zu fragen: „Welchen Grund sollte Gott haben, den Seelen der Frauen nicht das gleiche mitzuteilen wie denen der Männer?" Und dann zählt er scharenweise große Prophetinnen und weibliche Heilige auf, um in die Feststellung zu münden, daß die Mutter Teresa trotz ihres mangelnden Selbstvertrauens außerordentlich kühn war, wenn es um Gottes Dinge ging, denn sie schrieb von ihren Offenbarungen und Visionen in einer Zeit, in der es in Spanien so viele sektiererisch halluzinierende Frauen gab, „daß keine von diesen Dingen sprechen konnte, ohne verfolgt zu werden", ja, daß man Teresa ins Gesicht sagte, sie könne wie diese und jene auf dem Scheiterhaufen der Inquisition enden. Gracián ist beim ersten Sieg der „Unbeschuhten", eineinhalb Jahre vor dem Tode Teresas, der einzige, der es wagt, ihr Verdienst herauszustellen. Er verfaßt in Übereinstimmung mit ihr die Statuten für die Nonnen und leitet das zu druckende Schriftstück mit einem Brief ein:

„An die hochwürdige Mutter Teresa de Jesús, Gründerin der Klöster Unbeschuhter Karmelitinnen.

ER, wahres Licht aller, die in diese Welt kommen, ER, der alle Schätze der Weisheit und Erkenntnis in seinem göttlichen Herzen birgt, verwehrt nicht den Frauen den Glanz höchster Erkenntnis. Vielmehr erleuchtet er sie, auf daß sie zur christlichen Vollkommenheit gelangen und als Sterne am Himmelsgewölbe der katholischen Kirche erstrahlen.

So hat, wie ich weiß, unser göttlicher Herr, der alle zum Heil und zur Erkenntnis der Wahrheit führen möchte, Euer Ehrwürden erwählt, damit Sie Ihren Töchtern in den von Ihnen gegründeten Klöstern der Unbeschuhten Karmelitinnen das wahre Licht vermitteln. ER hat Sie, Ehrwürdige Mutter, mit so viel Geist und Erkenntnis versehen, mit Klugheit und Takt, Witz und praktischem Sinn sowie fünfzig Jahren der Erfahrung im geistlichen Leben. Hierdurch und überdies durch Ihren Kontakt zu den besten Theologen und Seelenführern unserer Zeit, denen Euer Ehrwürden stets gehorsam waren, wurden Sie zu so heilsamen Ratschlägen und Ermahnungen für Ihre Töchter befähigt, daß diese unter Ihrer Leitung die christliche Vollkommenheit erlangen werden, die sie ersehnen, die Euer Ehrwürden für sie erstreben und die ich als ihr Vorgesetzter zu fordern verpflichtet bin."

Gracián war es auch, der 1577 in Toledo durch seinen „Befehl" Teresa veranlaßte, das Werk niederzuschreiben, das sie als ihr schönstes und reifstes schon lange innerlich vorbereitet hatte: Die „Wohnungen der inneren Burg“. Es ist zugleich das systematischste, die mit Báñez und Johannes vom Kreuz verbrachten Jahre tun ihre Wirkung, ebenso wie die zeitweise Anwesenheit des stets sehnsüchtig erwarteten Pater Gracián. Er hat ihr Genie erkannt, und er – von sich aus kein Freund der Ekstasen und Visionen – sieht in ihren Erfahrungen das ganz Entscheidende: daß sie, sofern sie echt sind, eine große Leidenschaft für Gott voraussetzen, die sich in jeder Lebensäußerung niederschlägt. Er beruft sich auf den heiligen Bonaventura, der sagt, daß sich im Gebet eine erhebende Vision gewöhnlich nur dann einstelle, wenn dem ein gelebtes Übermaß an Sehnsucht und Gottesliebe vorausging, verbunden mit tiefer Demut, mit viel Askese und Kasteiung. Nur darum ist es möglich, daß auch bei Heiligsprechungen Visionen und Ekstasen als Kennzeichen herangezogen werden, obwohl sie „an sich“ auch täuschen können. Ihr Hauptvorzug bleibt doch, hebt Gracián hervor, daß sie zu Gottesliebe bewegen, wie schon Thomas von Aquin feststellte.

Darum hat Teresa bei der Niederschrift ihrer „Inneren Burg“, die immer noch relativ häufig die „übernatürlichen Erscheinungen“ behandelt, in Gracián, trotz seiner Vorbehalte, einen freundschaftlicheren Berater gefunden als in Báñez, der das Werk einfach nicht mag. Aber beide haben erkannt, daß die Bedeutung der „Mutter Teresa“ sich nicht in ihren Klostergründungen erschöpft, ja, daß ihre Bedeutung für spätere Generationen vor allem in ihren Schriften liegen wird.

Graciáns einfühlsame Liebe erlaubt ihr, den unausbleiblichen Konflikt zwischen Charisma und Gehorsam auszuleben und zur Harmonie zu bringen. Vom Teufel ist bald nicht mehr die Rede, aber auch die heftigen Phänomene verschwinden. Als Pater Jerónimo

1582 in Beas erschüttert von Teresas Tod erfährt, der sie nach zehntägigem Krankenlager „in Gottes Ewigkeit“ heimholte, zeichnet er tagebuchartig nicht nur die eigene Empfindung auf, sondern nennt auch die Eigenschaften, die Teresa in lebenslangem geistlichem Bemühen in sich entwickelte:

„Ständiges Leben in der Gegenwart Christi, seine Anwesenheit in der Seele, die er nie verläßt, auch wenn sie das nicht immer wahrnimmt; übernatürliche und große Wirkungen des Gebetes; Wachsen in der Liebe; uneingeschränkter Gehorsam; tiefe Demut, ohne die Versuchung, sich ihrer zu rühmen; Freisein von Skrupeln, weil die Seele ganz rein ist; Freude, andere zu Gott hingeführt zu haben; Sehnsucht, dem Herrn zu dienen; Anbetung des Heiligen Geistes, Verehrung Unserer Lieben Frau und des heiligen Josef; Geduld in Leiden und Prüfungen; Klarheit der Seele, geistiges Unterscheidungsvermögen, Offenheit und heitere Natürlichkeit.“

Tochter der Kirche

Schon als Kind, berichtet Teresa in ihrer Autobiographie, prägte Gott den „Weg der Wahrheit“ tief in ihr Herz, und zwar durch die intuitive Erfahrung der Wahrheit in dem Worte „ewig“. Tatsächlich prägte diese Erfahrung ihr Leben, in dem „Wahrheit“, „Ewigkeit“ und „Gott“ zu einer einzigen Realität verschmelzen. Ihre visionären Gottesbegegnungen sind wahr, weil sie mit den Aussagen der Heiligen Schrift übereinstimmen. Um dessen sicher zu sein, unterhält sie den Kontakt zu vielen großen Theologen der Kirche, unterstellt sich immer wieder dem kirchlichen Urteil. So kann sie es wagen, Gott als „ihr wahres Buch“ zu bezeichnen, ist er doch „die Wahrheit selbst“. Auch ihr Verständnis von Demut, der Basistugend des geistlichen Lebens, ist hier abgeleitet: „Gott ist höchste Wahrheit, und Demut ist Wandeln in Wahrheit.“

Mit der Demut hängt der von Teresa unter den evangelischen Räten am höchsten geschätzte Gehorsam zusammen. Das Bemühen, ihn demütig zur Vollkommenheit zu entwickeln, liegt nicht nur als offenes Geheimnis der Graciánfreundschaft zugrunde, es bestimmt auch die gewaltige Anstrengung des letzten Lebensjahres. Gehorsam ist Einübung in den Willen Gottes.

Teresa ist unsagbar müde. Das unerkannte Krebsleiden macht sich zunehmend bemerkbar. „O meine Töchter“, schreibt sie im Oktober 1580, „welch eine Müdigkeit und welche Kämpfe verursachen diese zeitlichen Güter“, womit die Klostergründungen gemeint sind, und sie gibt zu: „Ich sehe mich bei schwacher Gesundheit.“ Zweimal erkrankte sie in diesem Jahr schwer, man spricht vom Herzen, von Lähmungen, von einer ernsten Infektion, die sie altern machte. Aber sie ist ihrem Auftrag gehorsam. Im Januar 1580 kam die neue Gründungserlaubnis. Im Februar ist das Kloster in Villanueva de la Jara bezugsfertig, im Dezember das in Palencia, 1581 folgt Soria. Bei der Gründung in Palencia klagt sie, wie sehr doch „die arme Seele an der Krankheit des Körpers beteiligt“ sei, und sie wünscht sie „wach“ auch in Leiden, um alle Schmerzen und Mühen für nichts erachten zu können zum Lobe und zur Verherrlichung Gottes, aus dessen Hand auch die Krankheit demütig zu empfangen ist. Aber es kommt noch schlimmer. Im Januar 1582 entschließt sich Teresa zur harten Winterreise nach Burgos, über verschneite Pässe und durch Brücken überschwemmende

Regenfluten. Gracián ist bei ihr, doch werden der Gründung so starke Widerstände seitens der geistlichen Obrigkeit entgegengesetzt (Teresa sagt: vom Teufel), daß drei Monate vergehen und Gracián immer wieder zu anderen Aufgaben fort muß. Die Schwierigkeiten liegen in der Person der großzügigen Stifterin begründet: einer Conversa, der reichen Kaufmannsfrau Catalina de Tolosa. Die Kämpfe in Burgos wogen zwischen Altchristen und Neuchristen, aber am Ende siegen Graciáns gute Beziehungen und der Glaube der Catalina, den Teresa triumphierend denen gegenüberstellt, „die nur aus großem Hause stammen".

Sie möchte und soll nach vollbrachter Tat in Avila ausruhen, Gracián, der ihre Erschöpfung sieht, befiehlt es. Aber dann zwingt ihn eine Anzeige in Beas (eine mögliche völlig ungerechtfertigte Einmischung der Inquisition) zur Reise nach Andalusien. Zum ersten Mal im Leben ist Teresa ernstlich ungehalten über diese Pflichterfüllung, bittere Klagen über Einsamkeit erfüllen ihre Briefe. Ein neuer Ton, Verdunkelung durch Todesschatten.

Aber aus der Heimreise nach Avila wird nichts, dem Gegenbefehl des kastilischen Vertreters Graciáns ist Gehorsam zu leisten. Der Grund ist eigentlich ein weltlicher, weshalb Teresas Nichte Teresita, die sie seit Jahren bei sich hatte, später berichtet: „Sie sagte, der Gehorsam sei ihr noch nie so schwer geworden wie bei dieser Gelegenheit."

Im Grunde bricht noch einmal das ein, was sie hinter sich gelassen hatte: Welt, Ehre, hohe Abkunft, und zwar in Gestalt der Herzogin von Alba. Diese Gattin des gefürchteten Statthalters der Niederlande und Eroberers von Portugal hatte schon mehrfach in Teresas Leben eingegriffen. Zur Zeit ihres Priorats im Menschwerdungskloster erreichte die Herzogin, was der Papst nicht gestatten wollte, denn Teresa mußte dem zu reformierenden Kloster leuchtendes Beispiel sein: die Befreiung von der Klausur. In allen schwierigen Lebenslagen wünschte die Herzogin Teresa zu sehen, mochte es sich nun um die kriegerischen und politischen Verwicklungen ihres Mannes handeln oder, wie jetzt, um die Geburt eines Enkelkindes, das übrigens auch ein Politikum war, denn der König hatte die Ehe nicht gewollt und den trotzigen Eheschluß mit Gefängnis bestraft. Teresa folgt dem Ruf und macht sich auf ihre letzte Reise.

Sie wollte wieder einmal aus der Not eine Tugend machen und im Kloster von Alba de Tormes (gegr. schon 1571) nach dem Rechten sehen, was nötig zu sein schien. Jedenfalls zeigte sich, als sie sich bald nach ihrer erschöpften Ankunft niederlegen mußte, die Priorin kein einziges Mal an ihrem Krankenlager. Dafür beteiligte sich die Herzogin an der Pflege. Die Kräfte der Heiligen verfielen schnell, am 3. Oktober 1582 erhielt sie die Sterbesakramente. Sie wiederholte immer die gleichen Worte: „Ich bin eine Tochter der Kirche." Am 4. Oktober, um neun Uhr abends, ging sie in Gottes Ewigkeit ein*.

Die Kirche war das Schiff, das Teresa über das bewegte Lebensmeer trug, sie ist das Boot, in dem sie ihre Fahrt durch die dunklen Wasser des Todes antritt. Schon immer war sie bereit, „tausend Tode für sie zu sterben", ihre mystische Erfahrung unterstellte sie stets aufs neue ihrem Urteil, wie es die Berichte innerer Erfahrung zeigen (3 u. 53). Sie betont darin feierlich: dem Urteil „der Heiligen Römischen Kirche". Dennoch ide-

* In dieser Nacht trat der gregorianische Kalender in Kraft.

alisiert Teresa nicht, sie sieht mit Trauer die menschlichen Unzulänglichkeiten insbesondere gewisser Amtsträger, „die das Werk des Geistes früherer Heiliger beflecken“.

Aber das hindert sie nicht, Kirche in einem höheren Sinne zu verstehen, der theologisch und mystisch begründet ist: Die Kirche ist mit ihrer Verkündigung des Wortes und ihren Sakramenten die gesicherte Offenbarung Gottes, Garantin des Glaubens und damit von Wahrheiten, in denen Teresas Seele, wie sie in der Autobiographie sagt, „so gefestigt ist, daß die innere Erfahrung noch so vieler Offenbarungen, und sollten sich ihr auch alle Himmel öffnen, sie nicht bewegen könnte, auch nur um einen Deut von dem abzuweichen, was Glaubenssubstanz der Kirche ist“.

Teresa hat ein persönliches Verhältnis zur Wahrheit, das visionär begründet ist: „Es war, als würde ich ganz in diese Majestät, die ich schon kannte, versenkt und von ihr erfüllt. In ihr verstand ich die Wahrheit aller Wahrheiten.“ Und die Wahrheit sprach zu ihr, wie Christus oft mit ihr zu sprechen pflegte: „Aller Schaden dieser Welt kommt aus der Unkenntnis und dem mangelnden Verständnis der Wahrheiten der Heiligen Schrift. Aber sie wird sich bis auf den letzten Buchstaben erfüllen. Diese Wahrheit“, erklärt Teresa, „die man mir zu verstehen gab, ist Wahrheit an sich, und alle anderen Wahrheiten hängen von ihr ab, so wie auch eine jegliche Liebe von dieser Liebe und eine jegliche Größe von dieser Größe.“

Sie findet diese Wahrheit aller Wahrheiten, den lebendig geoffenbarten Jesus Christus, in eben der Kirche, die sie, wie sie im Prolog zum „Buch der Klostergründungen“ sagt, mit ihren Reformklöstern stärken und mehren will. Ebenso bittet sie im Epilog zur „Inneren Burg“ um das Wachstum der Kirche, für das ihre Nonnen beten sollen. In ihr erkennt sie den eigentlichen Sinn ihres Daseins, „denn in ihr lebe ich, sie bekenne ich, in ihr gelobe ich zu leben und zu sterben“. Das ist keine blinde Unterwerfung unter eine „Institution“, das ist die Ausrichtung am von Christus gesandten Heiligen Geist, der in allumfassender Liebe das Heil der Menschen will. Darum empfindet Teresa als „Tochter der Kirche“ auch den Missionsauftrag für alle. Sie will gern „bis zum Tage des Jüngsten Gerichts im Fegefeuer“ bleiben, wenn sie durch ihr „Gebet auch nur einer einzigen Seele zum Heil“ verhelfen kann, wie sie im „Weg der Vollkommenheit“ schreibt, und in Bericht 54 betont sie die Steigerung, die der Wunsch nach dem Heil aller Menschen durch die Ekstasen erfährt. Ein Wachsen in Liebe also, das nicht zu trennen ist von der Bindung an Jesus Christus, an jene Umwandlung in ihn, die Teresa auch mit dem Einspinnen der Seidenraupe verglich: Die Raupe hatte sich von den Heilsmöglichkeiten der Kirche „ernährt“, bis sie sich verwandelt, sich jenes „Haus“ erbaut, das Christus ist – „Christus unser Leben“, wie Teresa in Erinnerung an das Pauluszitat in der fünften Wohnung der „Inneren Burg“ erklärt.

Ihr Verständnis der ekklesiologischen Heilsbedeutung der Menschheit Christi wurde erst vom zweiten Vaticanum eingeholt, auch in dieser Hinsicht ist Teresa „modern“. Das Konzil formulierte: „Die Kirche ist ja in Christus gleichsam das Sakrament, das heißt Zeichen und Werkzeug für die innigste Vereinigung mit Gott wie für die Einheit der ganzen Menschheit.“ Und „in jenem (der Kirche) Leibe strömt Christi Leben auf die Gläubigen über“, die so „mit Christus, der gelitten hat und verherrlicht ist, vereint werden.“

Es ist gewiß kein Zufall, daß Teresa in ihren Visionen und Auditionen immer dem auferstandenen Christus begegnet. Sie erfährt seine absolute Präsenz im Innern wie in der Kirche. Und ihr Wort „Tochter" deutet ganz wörtlich auf den „Gehorsam" hin, auf das Hören des Wortes Gottes, das Horchen auf ihn – aber es spielt auch auf die innere Verwandtschaft an. So verstand es Teresa, als Gracián sie nach ihrer Familie fragte und sie ihn auf ihr Leben als Tochter der Kirche verwies. Gott hat Wohnung in ihrem Herzen genommen, das ist die große Erfahrung ihres Lebenspfades, ist das, was sich Schritt für Schritt verwirklichte. In ihrem letzten Bericht innerer Erfahrung kommt es noch einmal zum Ausdruck, Teresa schrieb ihn im Mai 1581 für Alonso Velázquez, den Bischof von Osma:

„O könnte ich doch Euer Gnaden die innere Stille und Ruhe meiner Seele erklären. Sie ist zumindest teilweise dem Elend dieser Welt nicht mehr so ausgesetzt wie bisher. Selbst wenn sie leidet, scheint das nur in der äußeren Hülle vor sich zu gehen, gewissermaßen in den Kleidern. Denn die Seele selbst befindet sich wie im Innern einer Ritterburg, und so verliert sie nie ihren Frieden. Sie hat ihre Eigensucht so vergessen, daß es ist, als habe sie schon einen Teil ihres Seins verloren, in solcher Selbstvergessenheit lebt sie. Die bildhaften Visionen haben ganz aufgehört, aber die unmittelbare Erkenntnisvision der Heiligen Dreifaltigkeit mit der Menschheit Christi ist zum Dauerzustand geworden. Mich erfüllt nichts als grenzenlose Liebe zu diesem Gott, die, wie mir scheint, immer noch wächst, und die Sehnsucht, daß alle ihm dienen mögen. Nichts steht mehr in meiner Hand. Ich brauche keine Betrachtungen anzustellen, um zu wissen, daß der dreifaltige Gott in mir wohnt. So ist es fast immer, außer in Zeiten, in denen die schwere Krankheit mir sehr zusetzt. Denn manchmal will Gott, daß ich ganz ohne inneren Trost leide. Aber dann wird das Bewußtsein der Gegenwart der drei Personen so stark, daß alles Leiden der Gottesferne zurücktritt und nur noch der Wunsch bleibt, nach seinem Willen zu leben, ihm immer besser zu dienen und ihm, wenn möglich, eine weitere Seele zu gewinnen, die ihn durch meine Vermittlung liebt und preist. Dieses, auch wenn mir dafür nur wenig Zeit gegeben ist, bedeutete mir mehr als alle Herrlichkeit des ewigen Lebens“ (66).

Die Herrlichkeit des ewigen Lebens war schon auf Erden zu der Heiligen gekommen, die „Einwohnung“ Gottes ist für die Tochter Heimkehr in das Haus des Vaters. Engagiert und gelassen zugleich erteilt sie aus der Mitte der Inneren Burg die letzte Weisung: „Der Herr sieht nicht so sehr auf die Größe der Werke wie auf die Liebe, mit der sie getan werden.“ Und sie zeigt auf das Nächstliegende, das Alltägliche. Weder ein „großer“ noch ein „kleiner Weg“. Aber immer der entscheidende Schritt, Zulassen der Ankunft Gottes. Teresa ist am Ende demütig und sicher zugleich, denn Gott hat zu ihr gesprochen:

„Du bist mein Haus und meine Bleibe,
bist meine Heimat für und für.
Ich klopfe stets an deine Tür,
daß dich kein Trachten von mir treibe.
Und meinst du, ich sei fern von dir,
dann ruf mich, und du wirst erfassen,
daß ich dich keinen Schritt verlassen:
und, Seele, suche mich in dir.“

LITERATURNACHWEIS

Primärquellen:

Teresa de Jesús, Obras completas. Biblioteca de Autores Cristianos, Madrid [6]1979. (Dünndruckausgabe in einem Band).

Jerónimo *Gracián* de la Madre de Dios, Obras Band I, Dilucidario del verdadero espíritu, Burgos 1932.

Ders., Diálogos sobre la muerte de la M. Teresa de Jesús, El Monte Carmelo, Burgos 1913.

Ders., Scholias y Addiciones al Libro de la vida de la Me. Teresa de Jesús que compuso el Pe. Doctor Ribera. In: Monte Carmelo No. 68, 1960.

Ders., Diálogo de Angela y Heliseo, in: Revista de Archivos, Bibliotecas y Museos, Madrid 1913.

Juan de *Avila,* Obras completas, Band V, Epistolario. Biblioteca de Autores Cristianos, Madrid 1970.

Isabel de Jesús (Jimena), Procesos de Beatificación y Canonización de Sta. Teresa de Jesús, Band III, in: Biblioteca Mística Carmelitana, Band 20, Burgos 1935.

Domingo *Báñez,* Gutachten zur Autobiographie in: Teresa de Jesús, Obras completas.

Ders., Aussage zur Seligsprechung und Rede in Avila zur Gründung von San José in: Felipe *Martin,* vgl. unten.

Francisco de *Osuna,* Versenkung. Ausgewählt, übersetzt und eingeleitet von Erika Lorenz, Herderbücherei 938, Freiburg [2]1984.

Luis de *Granada,* Juan de *Avila, Juan de la Cruz* in: Erika *Lorenz,* Der nahe Gott im Wort der spanischen Mystik, Freiburg 1985.

Ignatius von Loyola, Die Exerzitien, übertragen von Hans Urs von *Balthasar,* Einsiedeln 1954.

Francisco de *Santa María,* Reforma, Madrid 1644–55.

Sekundärquellen:

Carl *Albrecht,* Psychologie des mystischen Bewußtseins, Nachdruck von 1951, Mainz 1976.

Ders., Das mystische Erkennen, Nachdruck von 1958, Mainz 1982.

Narciso *Alonso Cortés,* Pleitos de los Cepeda, in: Boletín de la Real Academia Española 25. 1946.
Marcelle *Auclair,* La Vie de Sainte Thérèse d'Avila, Paris 1950.
Alberto *Barrientos* (Hsg.), Introducción a la lectura de Santa Teresa, Madrid 1978. Darin bes. die Arbeiten von Teófanes Egidio, Jesús Castellano, Enrique Llamas, Daniel de Pablo Maroto.
Secundino *Castro,* Cristología Teresiana, Madrid 1978.
Ders., Ser cristiano según Santa Teresa, Madrid 1981.
Cinco Ensayos sobre Santa Teresa de Jesús, Madrid 1984; darin bes. „Psicografía" von José María Fernández und „Marco histórico" von Angel Pío González Soto.
Ulrich *Dobhan,* Gott – Mensch – Welt in der Sicht Teresas von Avila, Frankfurt 1978.
Efrén de la Madre de Dios (Montalva) und Other *Steggink,* Tiempo y vida de Santa Teresa de Jesús, Madrid 1977.
Efrén J.M. *Montalva,* Santa Teresa por dentro, Madrid ^{2}1982.
Gaston *Etchegoyen,* L'Amour divin, Essay sur les sources de Sainte Thérèse, Bordeaux 1923.
Dorothea *Forstner,* Die Welt der christlichen Symbole, Innsbruck ^{4}1982.
Kleines *Konzilskompendium,* Dogmatische Konstitution über die Kirche, Freiburg 1966.
Marcel *Lépée,* Báñez et Sainte Thérèse, Paris 1947.
Erika *Lorenz,* Der nahe Gott im Wort der spanischen Mystik, Freiburg 1985.
Dies., Nicht alle Nonnen dürfen das, Herderbücherei 1090, Freiburg ^{2}1984.
Felipe *Martín,* Santa Teresa de Jesús y la Orden de Predicadores, Avila 1909.
Fritz *Riemann,* Grundformen der Angst, Eine tiefenpsychologische Studie, München ^{14}1979.
Rosa *Rossi,* Teresa de Avila, Biografía de una escritora, Rom 1983.
Annemarie *Schimmel,* Mystische Dimensionen des Islam, Köln 1985.
Otger *Steggink,* Erfahrung und Realismus bei Teresa von Avila und Johannes vom Kreuz, Düsseldorf 1976.
Tomás de la Cruz (Alvarez), Santa Teresa de Jesús, Camino de perfección, 2 Bände mit Faksimile-Reproduktion des Autographs von Valladolid, Vatikan 1965.
Ders., ‚Esta monja', carisma y obediencia en una relación de Santa Teresa, in: Monte Carmelo 78, 1970.
Alfonso G. de *Valdecasas,* El hidalgo y el honor, Madrid ^{2}1958.

Erika Lorenz

Ins Dunkel geschrieben
Johannes vom Kreuz –
Briefe geistlicher Führung
Band 1505, 160 Seiten

Vom Karma zum Karmel
Erfahrungen auf dem inneren Wege
Band 1638, 160 Seiten

Herder Taschenbuch Verlag

Erika Lorenz

Ramon Llull
Die Kunst, sich in Gott zu verlieben
Ausgewählt, übertragen und erläutert
von Erika Lorenz
Band 1198, 128 Seiten

Teresa von Avila
»Ich bin ein Weib –
und obendrein kein gutes«
Ein Portrait der Heiligen in ihren Texten
Ausgewählt, übersetzt und eingeleitet
von Erika Lorenz
Band 920, 144 Seiten, 6. Aufl.

Maria von Ägypten –
Allmacht der Buße
Von Gertrude und Thomas Sartory
Mit einer Meditation von Erika Lorenz
Band 977, 144 Seiten